青山弘之
Hiroyuki Aoyama

シリア情勢

——終わらない人道危機

岩波新書
1651

はじめに――終わらない「今世紀最悪の人道危機」

かつて、地中海の東岸、「文明の十字路」と呼ばれる地域に、中東随一の安定を誇る「強い国家」があった。「世界最古の都市」の一つダマスカスを首都とするこの国は「鼓動するアラブの心臓」を自負していた。そして、東アラブ地域の覇権を追求し、アラブ・イスラエル紛争（パレスチナ問題）、イラク問題、レバノン問題の趨勢《すうせい》に影響力を与え得る国だった。しかし今日、この国にこうした面影を見出すことは難しい。

シリア・アラブ共和国――そこにはバッシャール・アサド大統領が指導するシリア政府が存続し、その崩壊を確信するのは夢想家以外にはいない。しかし、アサド政権の支配はシリア全土には及んでおらず、トルコ国境やヨルダン国境に近いイドリブ県、アレッポ（ハラブ）県西部および北部、そしてダラア県には、「反体制派」の「解放区」が拡がり、アル＝カーイダの系譜を汲《く》むシャーム解放委員会（旧シャームの民のヌスラ戦線）、シャーム自由人イスラーム運動（別称アフラール・シャーム）などがこれと「共生」している。またラッカ県、デイルアッズール県、ヒムス県東部には、イスラーム国の支配地域が拡がっている。さらにハサカ県、そしてアレッポ県北西部および北東部は、クルド民族主義政党の民主統一党（PYD）が主導する西クルディスタン移行期民政局（通称ロジャヴァ、クルド語で「西」の意）を名のる自治組織の実効支配下にある。

シリアを「強い国家」から「弱い国家」、あるいは「破綻国家」に転落させるきっかけとなったのは「アラブの春」だった。二〇一〇年末にチュニジアで始まった抗議デモは、瞬く間にアラブ諸国に飛び火し、チュニジア、エジプト、リビア、イエメンでは、政権が退陣し、体制が崩壊した。この「アラブの春」は二〇一一年三月にシリアにも波及した。だが、シリアでは政権は倒れなかった。軍・治安当局は抗議デモに過剰な弾圧を加え、「反体制派」は武器を手にしてこれに抗《あらが》った。暴力の応酬は激しさを増し、混乱はほどなくシリア内戦と呼ばれるようになった。

「アラブの春」を経験した国は、体制転換を経験した国であれ、限定的な改革に踏み切った国であれ、その多くがその後も混乱に苛《さいな》まれた。なかでも、シリアは、体制打倒という「束の間の成功」さえ経験することのないまま、「アラブの春」のもっとも深刻な失敗例となった。その人的・物的被害を正確に把握することは不可能だが、レバノンを拠点に活動する学術組織のシリア政策研究センター（SCPR）が二〇一六年二月に公表した報告書によると、二〇一五年末の段階で四七万人が死亡、一九〇万人が負傷し、総人口（二三〇〇万人）の四六％に相当する一〇〇〇万人強が住居を追われ、うち六三六万人が国内避難民（IDP）となり、三一一万人が難民として国外に逃れ、また一一七万人が国外に移住したという。

「終わりの始まり」

「今世紀最悪の人道危機」と称されるシリアの惨状は、「アラブの春」の通俗的解釈に基づいて説明されることが多い。そこでは、既存の長期「独裁」政権は「悪」、それに対峙する「民主化」デモは「善」と捉えられ、後者が前者に勝利することが必然とみなされた。勧善懲悪と予定調和に基づくこうした解釈によって、シリア内戦の被害は、「悪」の政権を加害者、「善」の市民を被害者とする過剰一般化された構図のなかで生じたとみられがちだ。

むろん、「アラブの春」に触発された平和的な抗議デモが、「独裁」政権の弾圧に晒《さら》されて、武装闘争への変容を余儀なくされたことは事実で、アサド政権の過剰な暴力行使という「初動ミス」こそが、その後の混乱の根本原因だ。

しかし、シリア内戦が深刻化する過程で次から次に表面化した問題は、「アラブの春」の通俗的解釈では説明できず、また「内戦」という言葉で片付けることもできない。

その最たる例が、イスラーム国やシャームの民のヌスラ戦線に代表されるイスラーム過激派の台頭、そしてこれらの組織に対する「テロとの戦い」を名目とした外国の干渉である。イスラーム国がシリアだけでなくイラクでも猛威を振るうようになった二〇一四年以降、シリア内戦は、国際社会に脅威をもたらす肉薄した問題として認識されるようになった。同年八月、米国が主導する有志連合は、イラク領内でイスラーム国を殲滅《せんめつ》するとして空爆を開始し、九月にはシリア領内にも空爆は拡大された。また二〇一五年九月には、ロシアが、イスラーム国、ヌスラ戦線を含む「反体制派」への大規模空爆に踏み切った。その一方、欧州へのシリア難民・移民の流入への関心が高まりを見せるようになった同年半ば以降、シリアとイラク以外の国でもイスラーム国によるとされるテロが頻発し、各国はその対応に追われた。

「テロとの戦い」は、欧米諸国やその同盟国であるトルコ、サウジアラビア、そしてロシア、イランといった国々の思惑の違いを孕《はら》みつつも一定の成果を上げた。とりわけ、ロシアの軍事介入によって、シリア国内では、イスラーム国や「反体制派」に対するアサド政権の優位が確定し、シリア内戦の「終わりの始まり」が見えてきた。しかし、ここで言う「終わり」とは、「今世紀最悪の人道危機」に苛まれたシリアが安定を取り戻すことや、「アラブの春」において唱道された「自由」や「尊厳」をシリア人が享受することを意味するのだろうか。

シリア内戦は「内戦」なのか

二〇一一年春以降のシリアの混乱は、「シリア革命」、「シリア騒乱」、「シリア危機」といった呼称があるが、本書では、日本でもっとも広く用いられている「シリア内戦」と表す。しかし、これは、シリアの惨状を字義通りの「内戦」として矮小化することを意味しない。「内戦」という言葉を用いつつも、その実態を明らかにすることで、なぜ「内戦」ではないのか、そして「内戦」とみなすことで何が見えなくなってしまうのかを詳《つまび》らかにしたい。なぜなら、「内戦」という語を使うことで見落とされる事象のなかに、シリア内戦が長期化し、解決が遅れている主因があり、この主因を把握することで「終わりの始まり」の真意が見えてくるからだ。

日本におけるシリアへの関心は、「アラブの春」が波及する以前はさほど高くなかった。世界史の教科書のなかでダマスカスという地名を目にし、シリアがシルクロードの西端に位置しているという知識はあったとしても、エジプトやトルコなど、日本と古くから関係を持つ国に比べて、具体的なイメージは湧かず、なじみの薄い国だった。現代史においては、中東戦争、パレスチナ問題、イラク戦争といった問題の一当事国としてシリアという国名が言及されることはあっても、常に脇役で、シリアの政治、社会、経済そのものが注目されることはほとんどなかった。

シリア内戦によって生じた甚大な人的・物的被害への憂いや、暴力の応酬への憤りが、シリアへの関心の高まりのきっかけとなること自体は、前向きに捉えられてしかるべきだが、シリアに関する第一印象が否定的な感情に由来してしまうのは、残念なことである。三〇年近くにおよぶ研究活動を通じて、シリア政治の把握をめざしてきた筆者にとっても、多くのシリア人が苦しみ、また何度も訪れたことがある街や自然が荒廃していくのは見るに絶えない。本書を手にとる読者もまた、こうした感情に常に揺さぶられているだろうと想像する。

しかし、本書では、感情の赴くままに、読者の憂いや憤りに訴えかけるような記述は行わない。政治的、人道的なメッセージを発信したり、実現性を欠く理想論を掲げたりもしない。本書では、こうした無責任なアプローチを避け、シリア内戦を可能な限り、冷静、ないしは冷淡に記述することを心がける。なぜなら、地に足の着いていない机上の空論や個人的な主義主張に基づいてシリア内戦を評価する姿勢こそが、シリアの現実への理解を妨げ、シリア内戦を終息させるために実現可能な解決策を考える機会を奪ってきたからである。実態に即してシリアを見つめ直すこと。それこそが、事態打開に向けて何ができるかを考えるための第一歩だと確信する。

本書では、混乱発生以降の国内外の動きを可能な限り、具体的、網羅《もうら》的に記述することを心がけた。だが、紙面の制約ゆえに、多くの事象について、記述を捨象、あるいは要約せざるを得なかった。シリア情勢を詳細かつ通史的に理解されたい方は、筆者が運営する「シリア・アラブの春顚末記――最新シリア情勢」(http://syriaarabspring.info/)をご覧頂ければ幸いである。

本書は、岩波書店編集部の中山永基氏の多大な支援があって初めてかたちにすることができた。また本書執筆の企画を立ち上げる際には、岩波書店編集部の藤田紀子氏にたいへんお世話になった。さらに「現代中東政治研究ネットワーク」(http://cmeps-j.net/)に集う有志の研究者諸氏、そして困難な状況下であるにもかかわらずシリア国内で情勢分析を続け、事態打開を希求するシリア人研究者、友人・知人からの情報提供、コメント、助言が、本書を書き進めていくうえでの大きな支えとなった。ここに記して深くお礼申し上げたい。

本書における外国語(アラビア語)の固有名詞のカタカナ表記は、一部の例外を除き、大塚和夫・小杉泰・小松久男他編『岩波イスラーム辞典』(岩波書店、二〇〇二年)および帝国書院編集部編『新詳高等地図』(初訂版、帝国書院、二〇〇九年)に従った。ただしアラビア語の定冠詞「アル＝」、「アッ＝」、「アン＝」は原則として省略した。

目　次

目　次

トルコ
ティグリス川
マーリキーヤ市
カーミシュリー市
ルマイラーン市
ハサカ市
ハサカ県
ラッカ県
ジャズィーラ地方
シャッダーディー市
ラッカ市
デイルアッズール市
スフナ市
デイルアッズール県
ユーフラテス川
タンフ国境通過所
イラク
0
100 km

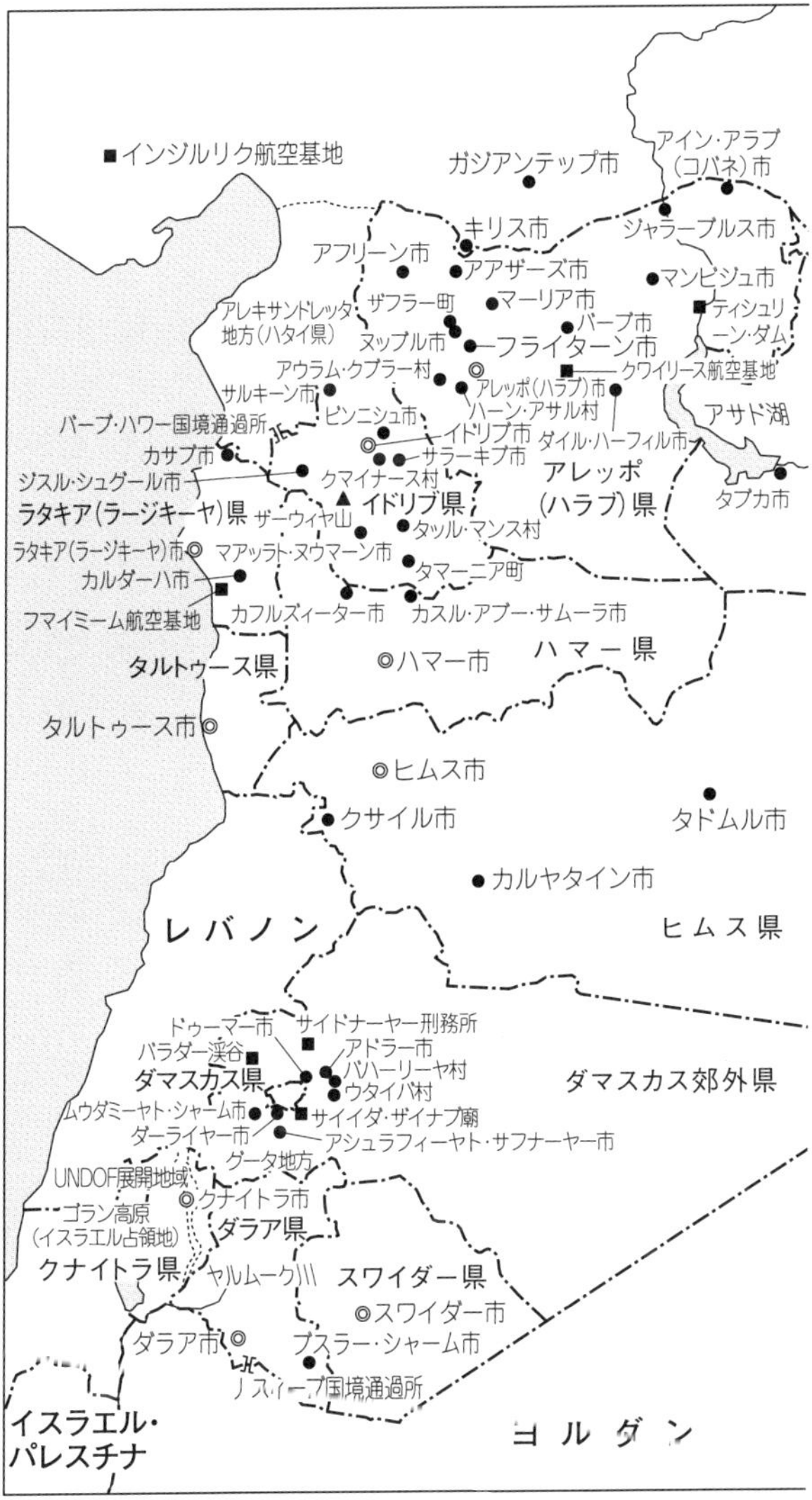

出所：筆者作成

地図1　シリア地図

第１章
シリアをめぐる地政学

シリア内戦は「アラブの春」波及に伴う混乱のなかで生じた。それゆえ、勧善懲悪と予定調和に基づく「アラブの春」の通俗的解釈のなかで捉えられ、「独裁」対「民主化」という争いが本質にあるとイメージされがちだ。だが、実際のところ、シリア内戦はこのように単純化された構図のなかでは推移せず、「内戦」という言葉では捉えきれない複雑な様相を呈していた。

1　ハイジャックされた「民主化」――「政治化」、「軍事化」

シリア内戦は、争点や当事者を異にする複数の局面が折り重なって展開する重層的な紛争である点に最大の特徴がある。シリア内戦が複雑で難解だとの印象を与えるのは、この事実を考慮せずに、「独裁」対「民主化」という構図のもとで事態を理解し、現実と異なったヴァーチャル・リアリティを描こうとするからだ。

では、シリア内戦を構成する主な局面とはいったいどのようなものだろう。筆者はこれまで、シリア内戦が主に五つの局面からなっていると述べてきた。その局面とは「民主化」、「政治化」、「軍事化」、「国際問題化」、「アル＝カーイダ化」である。

「民主化」の挫折

第一局面の「民主化」は「アラブの春」の通俗的解釈に沿って推移した局面といえる。そこでは、体制打倒を主唱する市民が街頭デモを繰り返す一方、バッシャール・アサド政権は暴力に訴えその沈静化を試みた。

きっかけは、ヨルダン国境に近いダラア市で、チュニジアやエジプトでも掲げられた「国民は体制打倒を望む」というスローガンを落書きした子ども約三〇人が治安当局に逮捕され、厳罰に処された事件だった。「アラブの春」の波及を警戒し、神経をとがらせていた当局の行き過ぎが住民の不満を煽《あお》り、二〇一一年三月半ばには各地でデモが散発した。これを軍・治安当局、さらには「シャッビーハ」(五〇頁参照)と呼ばれる集団が弾圧したことで、火に油が注がれた。

各地で抗議デモが発生するなどということは、それ以前のシリアでは想像できなかった。それゆえ、体制崩壊は「時間の問題」と思われた。だが、シリアのデモは「アラブの春」で体制転換を経験したアラブ諸国と三つの点で異なっていた。

第一に、デモの場所と規模である。エジプトやチュニジアでのデモが、首都中心街で常時数十万人を動員したのに対し、シリアでは、地方の県庁所在地や中小の都市・町・村でデモが起こっただけで、最大規模とされるデモでも参加者は一万人程度だった。

第二に、デモが、必ずしもソーシャル・ネットワーキング・サービス(SNS)での呼びかけに呼応していなかった点である。SNSでは金曜日が近づくたびにデモが呼びかけられた。だが、デモの多くは、こうした呼びかけとは異なる日時、場所で発生した。「アラブの春」は、SNSではなく、「インターネット革命」について報じるカタールのジャズィーラ・チャンネルなどの衛星テレビ放送を通じて拡大したというのが、今日では定説だ。シリアでも例外ではなかった。しかも、衛星テレビ局には明らかな偏向が見て取れた。例えば、二〇一一年九月に筆者がダマスカスを訪問した際、デモ発生が報じられている現場に駆けつけたが、そこではデモは起こっていなかった。デモの発生場所が異なるのに、同じ映像が使い回されたり、政権支持者による数十万人規模のデモが抗議デモであるかのように報じられたりするケースも散見された。

第三に、活動家の多くが国外からデモを遠隔操作していた点である。デモを主導したのは、各地で結成された「調整」と呼ばれる運動体だった。だがその指導者たちは、逮捕を逃れてレバノン、トルコ、エジプト、米国などにおり、デモが外国によって煽動されているとするアサド政権の批判に説得力を与えた。

抗議デモは八月にもっとも高揚した。ヒジュラ暦（イスラーム教の暦）のラマダーン月でもあったこの月は、連日連夜各地で抗議行動が続けられた。これに対して、軍・治安当局、シャッビーハは活動家やその家族の逮捕、拷問、暗殺を敢行し、推計で一〇〇〇人弱が死亡した。「血のラマダーン」と呼ばれたこの弾圧で、デモは収束し、シリアの「アラブの春」は失敗に終わった。むろん、その後もデモは起こったが、そのほとんどはアサド政権の支配を脱した地域に限られた。

シリア内戦は、アサド政権による過剰な暴力が発端で、同政権が未曽有の混乱の責任を追及されることは当然だ。その一方で、デモを行った側にも問題がなかったわけではない。当初は改革を要求していた抗議デモは、弾圧に直面するなかで急進化し、体制打倒をめざすようになり、「自由」、「尊厳」に加えて、「多元的民主的市民国家」の建設、自由で公正な選挙の実施、複数政党制の実現などを主唱した。だが、デモを主導した活動家や参加者は、これらをどのように制度として確立し、運用するかという実務的詳細については立ち入ることはなく、ワンフレーズ・ポリティクスに終始した。「民主化」は、「アラブの春」の通俗的解釈がそうであったように、体制打倒をクライマックスとして夢想していたに過ぎなかった。

低迷する「政治化」

第二局面の「政治化」は、「民主化」がアサド政権と「反体制派」による従前的な権力闘争にハイジャックされることを意味する。ここで言う「反体制派」とは、政治的かつ非暴力的な手段で体制転換や政権掌握をめざす組織や活動家を指す。本書で「反体制派」にあえてカッコ「」をつけるのは、第四章で詳述する通り、この言葉がマジック・ワードのように濫用されることで、紛争の実態が歪曲され、混乱が再生産されたためだ。

「政治化」は、主要な当事者である「反体制派」がアサド政権に対する抗議デモを政局として利用し、従前的な権力闘争を再活性化させることで生じた。この点を踏まえると、「政治化」は「民主化」と同じく、既存の政治体制の転換の是非を争点としているように思える。だが、当事者たちが力点を置いたのは、いかに他者を貶《おと》めて、自身の権力を伸張するかだった。それゆえ、対立はアサド政権と「反体制派」の間だけでなく、「反体制派」どうしでも頻発した。

事実、「反体制派」は一枚岩ではなく、活動する政治組織の数を把握することすら困難だが、シリア内戦下でもっとも顕著な組織として、シリア国民連合（正式名シリア革命反体制勢力国民連立）、民主的変革諸勢力国民調整委員会、民主統一党（PYD）の三つをあげることができる。

シリア国民連合は、日本や欧米諸国で長らく「主要な反体制派」と目されてきた組織で、二〇一二年一一月、カタールの首都ドーハで米国の肝煎《きもい》りで結成された。シリア国民評議会の名のもとに糾合していたシリア・ムスリム同胞団、リベラル派、アラブ民族主義者が主導したこの組織は、結成直後に欧米諸国から「シリア国民の唯一の正統な代表」としての承認を受けた。

シリア国民連合は、体制転換後の政権の受け皿になることを期待された。だが、メンバーのほぼ全員がシリア内戦勃発前後にトルコや欧州に逃亡した在外活動家で、また「ホテル革命家」と揶揄《やゆ》されるその贅沢な暮らしぶりゆえに、国内での支持基盤を得ることはなかった。シリア国民連合は、こうした弱さをカヴァーするため、支援国に軍事介入を要請するだけでなく、アル＝カーイダの系譜を汲む組織の活動さえも「革命家の戦果」として賞賛するなど、手段を選ばなかった。

民主的変革諸勢力国民調整委員会は、二〇一一年六月末に首都ダマスカスで結成された。主導的役割を担ったのは、一九七〇年代末に結成されたシリア国民民主連合のメンバーだった。この組織は、一九六〇年代以降の権力闘争の過程で、支配政党であるバアス党や、同党が主導する与党連合の進歩国民戦線の加盟政党から分裂したアラブ民族主義者、マルクス主義者からなり、シリア・ムスリム同胞団とともに「反体制派の老舗《しにせ》」と目されてきた。

民主的変革諸勢力国民調整委員会は、老練な政治手腕によってアサド政権に対峙し、その退陣を要求しつつも、暴力的手段や外国の介入による政権打倒に異議を唱えることで、弾圧の矢面に立たされるのを回避した。しかし、長年にわたる活動のなかで政治エリートと化し、社会との接点を欠いていた点では、シリア国民連合と大差なかった。

PYDは、トルコのクルディスタン労働者党(PKK)の元メンバーの主導のもとに二〇〇三年に結成された、PKKの「姉妹政党」と目されるシリア最大のクルド民族主義政党だ。クルド人は「世界最大のマイノリティ」として知られており、第一次大戦後に短期間ではあったが独立国家を持った歴史もある。そのため、クルド民族主義と言うと、シリアからの分離独立をめざしていると考えられがちだ。また、トルコで一九八〇年代、九〇年代に武装闘争を展開したPKKからの類推で、暴力的手段による体制転換をめざしているようにも思える。しかし、PYDは、クルド人の民族としての承認や自治、そしてこれまで受けてきた差別への補償を求め、暴力ではなく、政治的な手段を通じてその実現をめざした。

PYDは、民主連合運動(TEV-DEM)という社会運動体を傘下組織として持ち、社会との接点を有していた点、そして人民防衛隊(YPG)や女性防衛隊(YPJ)といった民兵組織を擁していた点で、前記の二組織と異なっていた。このうち、合わせて五万人の隊員からなるとされるYPGは、当初は軍・治安部隊の弾圧からクルド人住民を守ることを任務としていたが、その後、イスラーム過激派との戦いに投入された。

これらの組織にも、シリア国家建設潮流、カイロ宣言グループなど多くの「反体制派」が活動しており、それらの名前をあげるときりがない。だが、彼らは、体制転換の方法、諸外国との関係、将来の国家像、活動拠点をめぐって対立し合い、離合集散を繰り返した。シリアの「反体制派」はシリア内戦以前からこうした権力闘争を延々と続けてきており、それがアサド政権の相対的優位を保障していた。

混乱の主因となり得ない「軍事化」

第三局面の「軍事化」は、「民主化」と「政治化」が目立った成果をもたらさないなか、これら二局面をさらにハイジャックするかたちで現出した。この局面は体制打倒の是非をめぐって、各当事者が武力に訴えた点を特徴とする。これにより、軍・治安当局の一方的暴力を特徴とした騒乱は、シリア軍と「反体制派」双方の暴力の応酬によって彩《いろど》られ、「シリア内戦」という呼称が定着していった。

「軍事化」は「民主化」のなかにその萌芽《ほうが》を見出すことができた。「アラブの春」が波及してから二カ月後の二〇一一年五月頃には、ヒムス県でデモ参加者が軍・治安当局の弾圧に抵抗するために武装する事例が確認されていた。またデモ弾圧の命令を拒否した兵士が離反し、一部が武装闘争に身を投じるようにもなっていた。だが「軍事化」がシリア内戦のなかで顕在化したのは「血のラマダーン」直後だった。九月、離反士官のリヤード・アスアド大佐が自由シリア軍を結成し、武装した活動家や離反兵がこれに同調したのである。

軍の離反は「アラブの春」を経験したすべての国で起こっていた。それゆえ、自由シリア軍の登場は、政権崩壊は「秒読み段階」に入ったと多くの人を錯覚させた。だが、ほかの国での離反が、大規模な部隊単位で組織的に発生したのとは対象的に、シリアでは、個人、ないしは小規模な部隊レベルでの脱走や、徴兵忌避が主流だった。また、武装闘争を指揮すべき離反士官の多くは、部下を残して部隊を離れ、親戚や家族を連れて国外に逃走した。

自由シリア軍の編成はこうした事情を反映していた。彼らは上意下達の指揮系統も、組織としての実体も持たず、自由シリア軍を自称する小集団が単独、ないしは緩やかな連携のもとに活動しているだけだった。メンバー数の推計も二万人から六万人と開きがあった。むろん、組織化をめざす動きがなかったわけではない。トルコやヨルダンに逃れた士官は二〇一二年一二月に参謀委員会を結成し、シリア国民連合との連携のもと「反体制派」を統合しようとした。しかし、「ホテル革命家」である彼らは、武器、兵站《へいたん》支援などの面で、現地の武装集団のニーズに応えることができなかった。

「軍事化」は、こうした自由シリア軍の弱さゆえ、アサド政権優位のもとで推移するはずだった。シリア軍は「反体制派」が潜伏するとされる都市や農村に、戦車、ヘリコプター、そして戦闘機さえも投入し、徹底攻撃を加えた。にもかかわらず、二〇一一年後半以降、「反体制派」は徐々に勢力を拡大していった。アサド政権の支配を離れた地域は「解放区」と呼ばれ、そこでは地元評議会を名乗る活動家や地元の名士が自治に奮闘した。

二〇一二年七月、事態はさらに悪化し、戦火はついに首都ダマスカスとアレッポ（ハラブ）市に及んだ。ダマスカスではバアス党施設（国民安全保障会議）が自爆攻撃を受け、ダーウド・ラージハ国防大臣、ハサン・トゥルクマーニー副大統領補佐官、アースィフ・シャウカト副参謀長が暗殺された。またアレッポ市は東部を「反体制派」に掌握され、同地は以降「反体制派」最大の拠点となった。

2　主戦場とされたシリア――「国際問題化」

自由シリア軍の攻勢は、勧善懲悪と予定調和に基づく「アラブの春」の通俗的解釈のもとで「正義」の「革命闘争」と捉えられ、疑問視する向きはほとんどなかった。しかし、アサド政権の弱体化は、自由シリア軍の善戦やシリア軍将兵、さらには政府高官や官僚の離反ではなく、「内戦」という言葉では捉えきれない「からくり」が主因だった。それこそがシリア内戦の第四、第五の局面である「国際問題化」と「アル＝カーイダ化」だった。

「人権」か「主権」か

「国際問題化」とは、「内戦」であるはずの混乱状態を、諸外国が各々の国益、論理に基づいてハイジャックすることを意味する。シリア内戦には、実に多くの国が関与することになったが、それらは干渉を正当化するための根拠を異にする二つの陣営に大別できた。

第一の陣営は、欧米諸国、そしてその同盟国であるサウジアラビア、カタール、トルコなどからなる「シリアの友グループ」を自称する国々だ。この陣営は「アラブの春」がシリアに波及した当初から、「人権」擁護を根拠にアサド政権の弾圧を「虐殺」、「戦争犯罪」と非難した。北大西洋条約機構（NATO）の軍事介入によってリビアを体制崩壊（二〇一一年八月）させたときと同様、この陣営は、国際社会には非人道的行為に晒されるシリア国民を「保護する責任」があると主張し、アサド政権の統治の正統性を一方的に否定した。そして、「反体制派」を支援し、介入を画策することで、その退陣をめざした。

第二の陣営は、ロシア、イラン、中国といった国々である。この陣営は、「主権」尊重の立場をとり、シリアの友グループの「内政干渉」を非難し、シリア国民自身による問題解決を促《うなが》すことが国際社会の果たすべき役割だと主張した。こうした姿勢はしかし、アサド政権が存続する現実においては政権支持を意味した。この傾向は、ロシアやイランにおいて顕著だった。両国は、「主権」尊重がアサド政権の存続と同義でないと繰り返したが、二国間合意に基づくとして、同政権を経済・財政面、外交面、そして軍事面で全面支援した。

なお、この陣営にはIBSA諸国（インド、ブラジル、南アフリカ）といった国々を含めることもできる。これらの国は、ロシアやイランのようにシリアの友グループに対抗せず、アサド政権の「人権」侵害に対して否定的な姿勢を示した。だが「主権」尊重という立場から、シリアの友グループによる執拗な干渉とは距離を置いた。

「中東の活断層」としての利用価値

諸外国がシリア内戦に干渉したのは、「中東の活断層」と言われるシリアの地政学的な立ち位置が関係していた。「中東の活断層」とは二〇一一年一〇月にアサド大統領がロシア国営放送のインタビューで次のように述べて提起した言葉である。

「シリアは地理的、地政学的、歴史的な側面で特別な地位を占めており、文化、宗教、宗派、エスニシティなど、中東のほぼすべての構成要素の結節点だ。それはあたかも活断層で、その安定を揺るがそうとするいかなる試みも激震をもたらし、地域全体がその被害を受けることになろう」。

事実、シリアは中東、なかでも「シャーム」と呼ばれる東アラブ地域の安定維持に重要な役割を果たしてきた。地政学的ライバルであるイスラエルとの対峙を外交政策の基軸に据えるシリアは、政府も国民も、中東における反米感情や反イスラエル感情をもっとも強固に体現していた。独立(一九四六年四月)以来、欧米諸国に対抗し、またエジプトをはじめとするアラブ諸国とともにイスラエルとたびたび戦火を交えた。一九七九年にエジプトがイスラエルと和平条約を結んで以降も、シリアは、ロシアやイランの後ろ盾を得て、イスラエルとの軍事的均衡を維持しようとした。こうした強硬な姿勢は、一九九〇年代に中東和平プロセスが始まって以降も変わらなかった。シリアは、ヨルダンやパレスチナ解放機構（ＰＬＯ）がイスラエルと和平条約を締結するのを尻目に、ゴラン高原をはじめとするすべてのイスラエルの占領地の即時一括返還やパレスチナ難民の祖国への帰還などを原則論的かつ非妥協的に要求し、異彩を放った。

むろん、イスラエルと軍事的に対峙することは困難を伴った。東西冷戦が崩壊し、米国が唯一の超大国としての存在感を増すと、シリアは、対イスラエル強硬路線を敷くレバノンのヒズブッラーやパレスチナ諸派を後援することで劣勢打開を模索した。しかし同時に、これら組織が暴走してイスラエルの安全保障を脅《おびや》かし、自国を巻き込むような全面戦争に発展する危険を回避するため、これらの組織への支援を適度に制御することで、「戦争なし、平和なし」という微妙な均衡を作り出そうとした。

東アラブ地域の問題、とりわけイスラエルと周辺諸国の対立に端を発する諸々の紛争や混乱は、この地域に同国を「移植」した欧米諸国に最大の責任があり、本来であれば、問題解消に向けて多くの負担を引き受けて然《しか》るべきである。しかし、シリアは保身のために、欧米諸国に代わって地域不安定化を回避する「安全弁」としての役割を買って出た。シリアは、欧米諸国にとって「目の上のコブ」である一方、自らの負担を肩代わりしてくれる利用価値のある存在でもあった。

シリアのこうしたアンヴィバレントな地政学的な立ち位置によって、欧米諸国のシリア内戦への干渉政策は意識的、無意識的に規定された。シリアの友グループは、シリアの不安定化の責任がアサド政権にあるとして、退陣を求めた。だが、第三章で詳述する通り、これらの国の対応が常に後手となったのは、政権の受け皿となるはずの「反体制派」に、「安全弁」としての役割を果たす能力を見出せなかったからだ。

軍事的価値ゆえに欲せられるシリア

一方、ロシアにとって、欧米諸国に敵対的なシリアは積極支援を行うに充分な存在だった。ロシアは、ソビエト連邦時代の一九四四年七月にフランス委任統治下のシリアと国交を樹立し、一九四六年二月にシリア軍創設に向けた軍事支援や外交政策支援を骨子とした秘密協定を結ぶことで二国間関係を始動させた。東西冷戦が激化するなか、資本主義陣営に対抗する国や組織との関係強化に努めたソ連は、独立後のシリアに軍事、外交、経済といった面で支援を行った。

「アラブ社会主義」の実現を標榜するバアス党政権が成立（一九六三年三月）し、ハーフィズ・アサド前大統領が最終的に全権を掌握（一九七〇年一一月）するなかで、両国の関係は親密さを増していった。一九八〇年にはソ連・シリア友好協力条約を締結し、政治、経済、軍事、科学技術といった分野で協力を拡大・強化した。ソ連は、イスラエルとの軍事的均衡をめざすシリアに近代兵器を供与し、多くの技術者を軍事顧問として常駐させる一方、シリア政府も士官数千人をソ連に派遣した。非軍事部門でも、多くのシリア人学生が、医学、科学技術、社会科学、芸術などを学ぶためにソ連に渡った。ソ連は一九九一年に崩壊したが、シリアとの関係はその後継国となったロシアに受け継がれた。

両国の同盟関係は、その規模や国力の違いゆえにロシアの圧倒的な優位を前提としているように思われがちだ。だが、シリアが冷戦時代の東欧諸国のようにロシア（そしてその前身であるソ連）の衛星国になることはなく、ロシアもシリアを従属させ、内政に干渉することはなかった。それればかりか、シリアがロシアの後ろ盾を必要とする以上に、ロシアは対ＮＡＴＯ軍事戦略上、シリアを欲していた。

このことを象徴するのが、一九七一年に地中海岸のタルトゥース市に設置合意されたロシア海軍（当時はソ連海軍）の補給基地（ＭＴＳＰ）だ。この基地は地中海域においてロシアが保有する唯一の軍事拠点で、これを失えば、地中海沖に展開するロシア海軍の艦船は、NATO加盟国であるトルコのダーダネルス海峡・マルマラ海・ボスポラス海峡を通過して、黒海地域で補給や修理を受けねばならず、その活動範囲と機動力を大幅に制限されることになる。ロシアにとって、シリアは対NATO軍事戦略において欠くことのできない前哨地《ぜんしょうち》をなしており、「失いたくない同盟者」なのである。

シリア内戦のなかで欧米諸国の強い圧力に晒されるようになったアサド政権は、こうした軍事的価値を逆手にとるかたちで、ロシアに支援を要請した。第六章で詳しく見る通り、ロシアは二〇一五年半ば、「テロとの戦い」を名目として、ラタキア（ラージキーヤ）県のフマイミーム航空基地に空軍部隊を配備するなどして、積極的にこれに応えた。「反体制派」は、アサド政権がロシアの「占領支配」を受け入れたとの批判を浴びせた。だが、欧米諸国が「反体制派」に地政学的価値を見出せないのと同様、ロシアもまた、アサド政権以外の有効なオルターナティブを見つけることはできなかった。そのことが、ロシアをシリア内戦という泥沼へと引きずり込んでいったのである。

交錯する第一防衛線

欧米諸国とロシアが、シリアの地政学的価値と軍事的価値に引きつけられて干渉を強めていったのに対して、域内大国は、エジプトの政治学者ハーミド・ラビーア（一九二五〜八九年）が言うところの国家安全保障を維持するため、シリア内戦の当事者となった。ラビーアは、エジプトがその歴史を通じて東アラブ地域を国家安全保障上の「第一防衛線」とみなし、同地における影響力の確保や脅威の排除を重視してきたと指摘した。しかし、シリアを国家安全保障政策上の第一防衛線に位置づけていたのは、エジプトだけではなかった。ロシアとともにアサド政権の後ろ盾となったイラン、シリアの友グループの一員として「反体制派」支援を行ったトルコ、サウジアラビアもシリアで第一防衛線を交錯させていた。

シリア内戦によって混乱する以前のシリアとこれらの国との関係は、終始良好だったわけでも、険悪だったわけでもない。イランとシリアが関係を深化させたのは、前者がイラン・イスラーム革命（一九七九年）によって現行の支配体制に転換して以降だった。両国を戦略的に結びつけたのは、イラクのサッダーム・フセイン政権という「共通の敵」や、ＰＬＯ敗走後のレバノンで対イスラエル抵抗闘争を主導するようになったヒズブッラーという「共通の味方」だった。

トルコとの関係も変化を繰り返しており、ＰＫＫの活動拠点をシリアが提供していた一九八〇年代や、トルコ・イスラエル軍事協定が締結された一九九〇年代は緊張が続いた。だが、二〇〇〇年以降、トルコはアフメト・ダウトオール外務大臣(その後首相)のイニシアチブのもとで近隣諸国との「ゼロ・プロブレム外交」を展開し、シリアとも善隣関係を築いた。

サウジアラビアとシリアはレバノンをめぐって対立が絶えなかった。とりわけ、二〇〇五年にサウジアラビアと緊密な関係にあったラフィーク・ハリーリー元首相が暗殺され、アサド政権がその関与を疑われると、両国関係は冷却化した。だが、一九七五年から一九九〇年までの一五年間にわたって続いたレバノン内戦終結の筋道を立てたターイフ合意は、シリアとサウジアラビアの歩み寄りの産物で、レバノンに政治的安定をもたらそうとする取り組みは、両国の頭文字をとって「SS均衡」などと称された。

このようにシリアとの関係は、国によって異なっていたが、シリアが政治的に安定し、第一防衛線が平静を保っている限りにおいて、域内大国は自ら均衡を崩すような政策に打って出ることはなかった。だが、シリア内戦によって第一防衛線に「異変」が生じると、各国は、それが自国の安全保障態勢を根幹から揺るがす脅威とならないよう限定的な措置を講じていった。各国の介入はそれゆえ、シリア内戦の趨勢を独断で決し得るだけの資源投入を伴わず、また時として対症療法的なものとなり、そのことがシリア内戦の混乱を助長する結果となった。

このようにして見ると、シリア内戦における第四局面の「国際問題化」は、各国の安全保障政策に関わる実利的な動機に基づいていたことが改めて分かる。にもかかわらず、国益に基づいた諸外国の干渉は、自己正当化のための「正義」によって覆い隠された。この「正義」を形づくる原理こそが、「人権」、「主権」、そして「テロとの戦い」だった。

3　だれが「悪」なのか――「アル＝カーイダ化」

シリア内戦は、「国際問題化」によってシリアが諸外国の主戦場と化すことで、悪化の一途をたどった。しかし、「部外者」によるハイジャックはこれにとどまらず、第五局面の「アル＝カーイダ化」によって暴力の再生産は助長された。

「アル＝カーイダ化」は、ウサーマ・ビン・ラーディンが創始し、アイマン・ザワーヒリーが指導者を務めるアル＝カーイダ（総司令部）に忠誠を誓う組織・個人、そしてそれらとつながりがあるイスラーム過激派が、「反体制派」のなかで存在感を強めることを意味する。ここで言うイスラーム過激派とは、以下のような特徴を有する思想・運動を指す――①既存の政治、経済、社会的な秩序を全否定し、それがイスラーム教の教えに反していると糾弾する、②イスラーム教を真に理解した前衛集団を自認して、既存の秩序の打破をめざし、その手段として武装闘争を採用、これをジハードと称する、③既存の秩序を打破した後に(ないしは打破する過程で)、イスラーム法に基づく支配やカリフ制を確立すると主張する。

「アル＝カーイダ化」は、「自由」、「尊厳」、「人権」、「主権」といったシリア内戦の他の四つの局面において正当化の根拠となった理念とは無関係だ。むろん、体制打倒の是非を争点としている点では、これらの局面と同じだが、懐古趣味や「神意」を引き合いに出して展開される利己主義がそれを下支えしている点で異彩を放っていた。

「軍事化」の背後で進んだ「アル＝カーイダ化」

「アル＝カーイダ化」におけるもっとも主要な当事者は、シリアのアル＝カーイダと目されるヌスラ戦線と、アル＝カーイダよりも卑劣だと言われるイスラーム国だ。だが、「アル＝カーイダ化」は実際にはこの二組織が注目を浴びるようになる以前、具体的にはシリア内戦が「軍事化」したのとほぼ時を同じくして生じており、またこの組織以外にも多くのイスラーム過激派がアサド政権の打倒を目論んできた。

「アル＝カーイダ化」は主に二つの動きを通じて進行した。第一に、自由シリア軍のなかで、イスラーム過激派に転身する者が現れ、彼らが「反体制派」の主流をなすという動きである。その背景には、「独裁」政権による容赦のない弾圧を前に、死生観を刺激され、宗教に精神的なよりどころを求めようとする心理的な変化があったと考えることもできるかもしれない。しかし、他のアラブ諸国に比して宗教的に寛容なシリア人のパーソナリティを踏まえると、イスラーム過激派への傾倒は、「自由」や「尊厳」を標榜するよりも、イスラーム教を唱道する方が、資金や武器を得られやすいという実利的な判断があったからだと思われる。事実、シリア国内で武装闘争を行う「反体制派」を支援するとして、アラブ湾岸諸国などから、信仰心に基づく多くの「義援金」が寄せられた。

外国人戦闘員の潜入

第二に、とりわけリビアでの体制崩壊後、「アラブの春」に抗う最後の「独裁」と目されるようになったアサド政権を打倒するため、世界各地からトルコやヨルダンを経由して、外国人戦闘員が大挙したという動きである。そのなかには、「民主化」実現という理念のもとに戦闘員に参加した者もいたが、多くはイスラーム過激派だった。

アサド政権は二〇一一年三月当初から、外国人が国内に潜入し、破壊活動を行っていると主

表1　シリアとイラクで活動する「反体制派」外国人戦闘員の数(推計)

地域	国(100カ国以上)別内訳	戦闘員数(人)	
西欧	フランス	1,700	5,000
	英国	760	
	ドイツ	760	
	ベルギー	470	
	そのほか	1,310	
旧ソ連	ロシア	2,400	4,900
	アゼルバイジャン，ジョージア	500	
	カザフスタン，キルギス，タジキスタン，トルクメニスタン，ウズベキスタン	2,000	
北米	米国	250	280
	カナダ	30	
バルカン半島	アルバニア，ボスニア・ヘルツェゴビナ，コソボ，マケドニア	800	875
	そのほか	75	
北アフリカ	チュニジア	6,000	7,970
	モロッコ	1,200	
	リビア	600	
	アルジェリア	170	
中東	サウジアラビア	2,500	8,240
	トルコ	2,100	
	ヨルダン	2,000	
	そのほか	1,640	
東南アジア	インドネシア	500	900
	マレーシア，フィリピンなど	400	
そのほか			1,700
総計			約30,000

出所：The Soufan Groupの資料をもとに筆者作成

張してきた。この主張は、デモ弾圧に口実を与えるプロパガンダとしての性格が強く、その真偽を判断するには慎重を期すべきだ。だが、彼らの存在は、二〇一一年末にはすでに欧米メディアでもしばしば報じられていた。そのなかには、「アラブの春」波及に伴う武装闘争での「勝利」後にリビアから転戦した者もいれば、アル＝カーイダのメンバーもいた。また外国人とともに、イラク、アフガニスタンでの戦闘経験を持つアル＝カーイダのシリア人メンバーや、シリア国内の刑務所を出所したシリア人過激派も再活性化していった。

外国人戦闘員を含むイスラーム過激派のシリア潜入を後援したのが、アサド政権の打倒に強く固執するサウジアラビア、カタール、そしてトルコだった。これらの国の手引きにより、多くの戦闘員が周辺諸国を経由して潜入した。その実数を把握することは不可能だが、シリアやイラクで活動するイスラーム国などイスラーム過激派に参加した外国人の出身国は**表1**で示した通り一〇〇カ国以上におよび、その数は二〇一五年末の推計で三万人以上に達した。

暴力再生産をもたらす「正義」

シリア内戦の混乱は、「アラブの春」に触発されて発生した抗議デモを、過剰な暴力によって弾圧したことに端を発していた。「民主化」の旗印のもと、「自由」や「尊厳」をめざしたデモは、「アラブの春」の通俗的解釈のなかでは「善」と目され、これを抑圧したアサド政権は「悪」と非難された。

「民主化」をハイジャックするかたちで生じた「政治化」、「軍事化」のなかで台頭・再活性化した「反体制派」の活動もまた、「アラブの春」の通俗的解釈に引き寄せられるかたちで、「革命家」、「フリーダム・ファイター」と位置づけられた。しかし、シリア国内の権力闘争や武装闘争を勧善懲悪のもとで捉えようとしても、その本質を理解することはできなかった。なぜなら、「善」とされる「反体制派」は、自らの政治目標を実現するためには手段を選ばず、暴力に訴え、外国の政府や外国人戦闘員の力を頼りにする点で、アサド政権と質的な違いはなかったからだ。

このことは、シリア国内の当事者を脇役へと追いやることになる「国際問題化」や「アル=カーイダ化」を見ると再認識できた。シリア内戦に関与した諸外国は、「人権」、「主権」といった概念をもって干渉を自己正当化し、国内を混乱に陥れた。また、イスラーム国やヌスラ戦線を主導する外国人戦闘員も、「神意」に従うという自己完結的な論理を振りかざし、暴力の限りを尽くした。

重層的な紛争としての特徴を持つシリア内戦は、当事者たちが非妥協的に自らの「正義」を掲げて、他者を排除し、自らの目的を実現しようとする点に、際限のない暴力再生産の主因を見出すことができる。彼らが振りかざす「正義」が錯綜するなかで、シリアは「今世紀最悪の人道危機」と評される惨状に陥ったのである。

第2章

「独裁政権」の素顔

バッシャール・アサド大統領の進退や体制存廃はシリア内戦の「民主化」、「政治化」、「軍事化」、「国際問題化」、「アル＝カーイダ化」という五つの局面のいずれにおいても、主要な争点として位置づけられた。そして、「アラブの春」の通俗的解釈のもとでは、アサド政権は廃絶されるべき「悪」としてのレッテルを貼られてきた。しかし、未曽有の混乱のなかでも、同政権は決して崩壊せず、シリア内戦における主要な当事者として存続した。「独裁者」と非難されて久しいアサド大統領、そして彼を頂点とするシリアの「独裁政権」とは、どのようなものなのだろうか。

1　アサド大統領への世襲

バッシャール・アサドは、三〇年にわたって絶対的指導者としてシリアを統治したハーフィズ・アサド前大統領（一九三〇～二〇〇〇年）の次男として一九六五年に首都ダマスカスで生まれた。ラタキア県カルダーハ市の農家の長男として生まれた父ハーフィズは、若くしてバアス党に入党し、学生運動を指導、その後空軍士官としての道を歩んだ。一九六三年三月のバアス党による政権掌握クーデタ(バアス革命)を首謀した党所属の士官のなかで最年少だった彼は、一九七〇年一一月に全権を掌握し、独立以降続いてきた権力闘争に終止符を打った。

大統領となったハーフィズは、内政、外交の双方で硬軟織り交ぜた卓越した政治手腕を発揮し、政治的に不安定な弱小国に過ぎなかったシリアは、中東随一の安定した「強い国家」に躍進した。バッシャールはこうした偉大な父の死を受け、二〇〇〇年七月にその地位を世襲してシリアの新指導者となり、ここにアラブ世界初の「ジュムルーキーヤ」が樹立した。「ジュムルーキーヤ」とは「共和制」を意味するアラビア語の「ジュムフーリーヤ」と「王政」を意味する「マラキーヤ」から作られた造語で「世襲共和制」と訳出される。

バッシャールが当初、ハーフィズの後継者ではなかったことは広く知られている。彼には、長女ブシュラー(一九六〇年生まれ)、長男バースィル(一九六二年生まれ)、三男マジド(一九六六年生まれ)、四男マーヒル(一九六八年生まれ)という四人の姉兄弟がいた。このなかで後継者として「帝王学」を施《ほどこ》されたのは長男バースィルだった。

バースィルは大学卒業後、職業軍人となり、共和国護衛隊の大統領治安局長という要職に就くとともに、当時シリアの実効支配下にあったレバノンの政務を担当した。父譲りの「強さ」

を備えたバースィルはまた、その精悍《せいかん》な容姿で女性からも人気があり、後継指導者としてふさわしい資質を備えているように見えた。一方、バッシャールは寡黙《かもく》で控えめな性格で、大学卒業後は、医師を志して英国ロンドンに留学し、セント・マリー病院で眼科学を学んだ。

不意の後継者

一九九四年一月、バースィルが交通事故で不慮の死を遂げると、バッシャールの人生は転機を迎えた。ロンドン留学中の彼は、葬儀に参列するため帰国すると、そのまま亡き兄に代わって後継者としての道を歩み始めた。

この転身に関しては、バッシャールが「兄さんが志した道を歩みたい」と父に語り、自ら進んで後継者に名乗り出たとされている。だがその一方で、「別に大統領になりたいわけではない」と親しい友人に漏《も》らしたという逸話もある。いずれにせよ、眼科医という夢への執着、亡き兄の無念、そして一代でシリアを「強い国家」へと躍進させた父の偉業を継ぐことの責任感やプレッシャーが錯綜するなかでの決断だったことは容易に推察できる。

後継者としての道を歩み始めたバッシャールは、兄や父のような「強さ」を欠いており、指導者としてふさわしくないとの評価がつきまとった。だが、ハーフィズの支配は「強さ」だけによるものではなかった。むろん、「強さ」は、一九七〇年代後半から一九八〇年代前半にかけてのシリア・ムスリム同胞団をはじめとする「反体制派」の徹底弾圧や、ハーフィズの実弟で権力者だったリフアト・アサド革命防衛隊司令官の粛清の原動力でもあり、こうした行為への恐怖がなければ、三〇年におよぶ長期政権は不可能だっただろう。だが、「強さ」はそれを支配と結びつける「冷静さ」がなくては意味をなさない。事実、ハーフィズの統治の最大の特徴は巧みな政治手腕で、「強さ」はそのための手段だった。

内政において、ハーフィズはダマスカスの大商人・地主、資本家との関係を強化する一方、翼賛的な与党連合の進歩国民戦線を結成することでバアス党以外のアラブ民族主義政党や共産党を同盟者とした。また職能組合をバアス党の傘下に組み込むことで、国民の動員チャンネルを独占した。さらに自身の支配に対抗しようとする政権内外の政敵どうしの対立を助長し、分断して、一部を懐柔し、一部を排除した。こうした統治手法は「アサド学派」と揶揄された。

外交においては、レバノンのヒズブッラーやパレスチナ諸派を支援し、イスラエルの軍事的優位に対抗しようとした。一九八〇年代以降、ロシアやイランとの関係強化に努める一方、東西冷戦構造の崩壊に機敏に対応し、一九九〇年代には欧米諸国と経済関係を深化させた。また、中東和平プロセスに参加し、その見返りとして一五年以上にわたり干渉を続けてきた内戦後のレバノンを実効支配下に置いた。

こうした権謀術数こそが、ハーフィズの支配を継承するうえでもっとも必要な資質であり、それを備えていたのは、バースィルではなく、むしろバッシャールだった。

二つの恐怖がもたらした「ジュムルーキーヤ」

二〇〇〇年六月一〇日にハーフィズが死去すると、残された政府、バアス党、軍の幹部はバッシャールへの地位継承を粛々と遂行した。その死が国営メディアを通じて報じられた一〇日午後六時、人民議会（国会）は特別会を召集し、憲法第八三条の修正を満場一致で承認し、大統領就任資格年齢を、四〇歳からバッシャールの年齢である三四歳に引き下げた。その直後、バアス党の執行部（シリア地域指導部）は二四日、一党員に過ぎなかったバッシャールを新党首（シリア地域指導部書記長）に選出し、大統領候補に推挙した。

軍も一一日、バッシャールを大佐から大将に五階級昇進させ、総司令官に任命するという異例の人事を発令した。大将という階級、そして総司令官という職務は、大統領にだけ与えられるもので、ハーフィズが生前に兼務していた公職だった。

こうして、党と軍の地位を継承したバッシャールは、七月一〇日に実施された大統領信任投票で九七・二九三％の賛成票を獲得し、一七日に大統領に就任した。

一九九九年から二〇〇一年までの二年間、筆者は首都ダマスカスに在住し、権力移譲の過程をつぶさに見る機会を得た。そこで感じたのは、シリアの人々のなかにある恐怖や畏敬の相半ばした感情が、権力移譲を可能としたという印象だった。

ハーフィズの死の一カ月ほど前、長年にわたり首相を務めてきたマフムード・ズウビーが突如自殺した。ズウビーは、自身の後任であるムハンマド・ムスタファー・ミールーを首班とする新内閣が推し進めた「腐敗との戦い」で汚職を追及され、強制捜査が行われる当日、自宅で捜査官や家族の前で銃を口にくわえ、引き金をひいて命を絶ったとされた。

自殺をめぐっては、複数の銃声が聞こえたとの証言や、私利私欲に走りハーフィズの怒りを買ったといった情報が流れ、「抹殺された」、「自殺に追い込まれた」と噂された。真相は闇のなかだが、ズウビーの最期はハーフィズの意に反した政権幹部がたどる末路を暗示させた。政権を支えてきた「古参」は、ズウビーの二の舞になるのを恐れるかのように、ハーフィズの死後、バッシャールを大統領に就任させる手続きを粛々と進めた。

むろん、このことはハーフィズの支配への不満がなかったことを意味しない。しかし、彼が卓越した政治手腕によって国内外の数々の危機を乗り越え、絶対的指導者としての地位を揺るぎないものとするなかで、一九九〇年代以降は「反体制派」でさえ、彼を打ち倒すことは不可能だと考え、その存命中は抵抗を猶予《ゆうよ》するようになった。ハーフィズの最晩年において、彼の支配に反抗する者はほとんどいなかった。

ハーフィズの死はそれゆえ、恐怖から解き放たれた国民や「反体制派」の積年の不満を爆発させる契機になるかに思えた。しかし、権力移譲に異議を唱え、抵抗した者はわずかだった。筆者がシリアの街で見たのは、ハーフィズの支配によって維持されてきた日常がその死によって揺らぐのではと萎縮《いしゅく》し、事態を静観する人々だった。

シリア社会は「恐怖の文化」によって律せられていると言われるが、それは、為政者や強権支配の力や暴力への恐怖だけでなく、現下の体制のもとで享受している安定が揺らぐことへの恐怖からもなっていた。バッシャールへの権力移譲は、相反するこの二つの恐怖によって裏打ちされていた。

「アラブの春」は、国民が「恐怖の壁」を打ち破ることで発生したと説明される。シリアも例外に漏れず、人々は抗議デモを通じて「恐怖」の源泉である「独裁」に立ち向かおうとした。だが、そのことが、「独裁」によるさらなる暴力を招いただけでなく、シリア内戦の混乱のなかで、日常と安定の喪失というより深刻な「恐怖」をもたらしてしまったことは、まさに悲劇としか言いようがない。

2　アサド大統領はどのような統治をめざしたのか

バッシャール・アサドの大統領就任は、二重の恐怖に苛まれたシリア社会の保身によって実現した。とはいえ、大統領の交代は社会に変化の機運を高めた。政権もこうした機運を促すようなイメージ戦略を好んだ。英国留学経験者という経歴ゆえに開明的なイメージがあった彼は、大統領に就任するまでシリア情報科学協会（SCS）会長を務め、若手テクノクラートの育成や、インターネット・サービスの導入を主導し、近代化、ハイテク化、グローバル化の旗手として位置づけられていた。妻となったアスマー・アフラスも、英国生まれで、JPモルガン社のM&A担当者としての職歴を持ち、大統領の改革志向に花を添えた。米国のファッション誌『ヴォーグ』は、彼女を「砂漠のバラ」として取り上げる特集記事を掲載し、大統領とともに英国、フランス、トルコを訪問する姿は、欧米メディアでも報じられた。

二〇〇〇年七月に人民議会で行った就任演説でも、アサド大統領は「創造的思考」、「建設的批判」、「透明性」、「制度重視の思考」、「民主的思考」といった言葉を挙げ、多角的な改革を行う意志を示した。彼は前政権が公に認めようとしなかった政治犯の存在を認め、一一月に大規模な恩赦《おんしゃ》を実施した。また、メディアの規制を緩和し、民間・非政府系の日刊紙、雑誌の創刊を奨励した。

二〇〇五年半ばに開催されたバアス党大会(シリア地域大会)では、改革の深化が検討された。そこでは、イスラエルとの戦争状態を口実に、一九六二年一二月に発動されたまま、四〇年以上にわたって維持されてきた非常事態令の適用基準の見直し、進歩国民戦線加盟政党以外の政治組織を公認するための政党法の制定、民間メディアの奨励に向けた情報法の制定や出版物法の改正、選挙制度見直し、国籍を剥奪《はくだつ》されたクルド人の権利回復、そして国家の社会における役割と市場経済のバランスを確保した「社会的市場経済」の導入の是非が議論された。

「独裁政権」維持のための改革志向

しかし、支配体制の根幹にかかわる改革が実行に移されることはなかった。国内の有識者や活動家は、二〇〇〇年九月に「ダマスカスの春」と称される改革運動を、二〇〇五年半ばには「第二次ダマスカスの春」と称される体制転換運動を行った。また二〇〇四年三月には「カーミシュリーの春」と呼ばれるクルド人の権利向上運動が起こった。こうした動きにアサド大統領は一定の理解を示したが、自身の改革志向を先取りするような要求に対しては、活動家を逮捕するなど強硬な態度で臨んだ。

些末な例だと言われるかもしれないが、アサド大統領の試みは、米国映画「ゴッドファーザー」の主人公マイケル・コルレオーネが、父から受け継いだマフィア組織の合法化と違法ビジネスからの撤退をめざしたのに似ていた。改革志向を掲げるアサド大統領の支配とは、父の強権支配の変革を主唱することで、正統性を高めようとするものだった。しかし、それは、映画と同様、実現するはずもなかった。理由は簡単で、アサド大統領がどれほど改革志向を堅持しようとしても、その支配は父から受け継いだ強権体制に立脚していたからである。真に変革をめざすのであれば、自らの支配を揺るがすかもしれない抜本改革が不可欠だった。しかし、彼を頂点とする支配体制はそれを許さなかった。アサド大統領の改革志向とは、政権を維持するために発揮されるものであって、字義通りの改革を推し進めるためのものではなかった。

こうした現実を前に、保身のためにアサド大統領を選んだはずの社会では、「改革案はあるが実施されない」との不満が鬱積《うっせき》していった。その一方、アサド大統領が二期目(二〇〇七～一四年、大統領任期は七年)の任期を迎えるのと前後して、実弟のマーヒル・アサド准将や義兄のアーセフ・シャウカト中将(副参謀長)が存在感を増し、いとこで「ビジネスマン」(四九頁参照)のラーミー・マフルーフが免税事業や携帯電話事業で莫大な収益を上げると、彼らは政権内外の「汚職の権化」として非難を浴びるようになった。

宗派主義のまやかし

ところで、アサド大統領、そして彼の一家やその親族、軍・治安当局の幹部のなかに、少数派のイスラーム教アラウィー派が多くいることは広く知られており、このことを根拠にシリアの支配体制はしばしば「アラウィー派独裁」、「宗派独裁」とのレッテルを貼られる。一方、「反体制派」は多数派のイスラーム教スンナ派からなっているとみなされ、シリア内戦はスンナ派とアラウィー派の「宗派対立」だとの説明も散見される。加えて、アサド政権が、イスラーム教シーア派(一二イマーム派)が国民の大多数を占めるイランから全面支援を受けていること、そして「反体制派」が「スンナ派の盟主」を自称するサウジアラビアや、国民の大多数がスンナ派であるトルコ、カタールの後援を受けていたことから、シリア内戦は中東におけるスンナ派とシーア派の「宗派対立」の「代理戦争」だといった極論すら見られる。

このような言説は、シリア社会の多様性を踏まえると説得力を持つように見える。**図1**、**地図2**はシリア人の宗教・宗派集団、民族・エスニック集団別の人口比(推計)と主な居住地域を

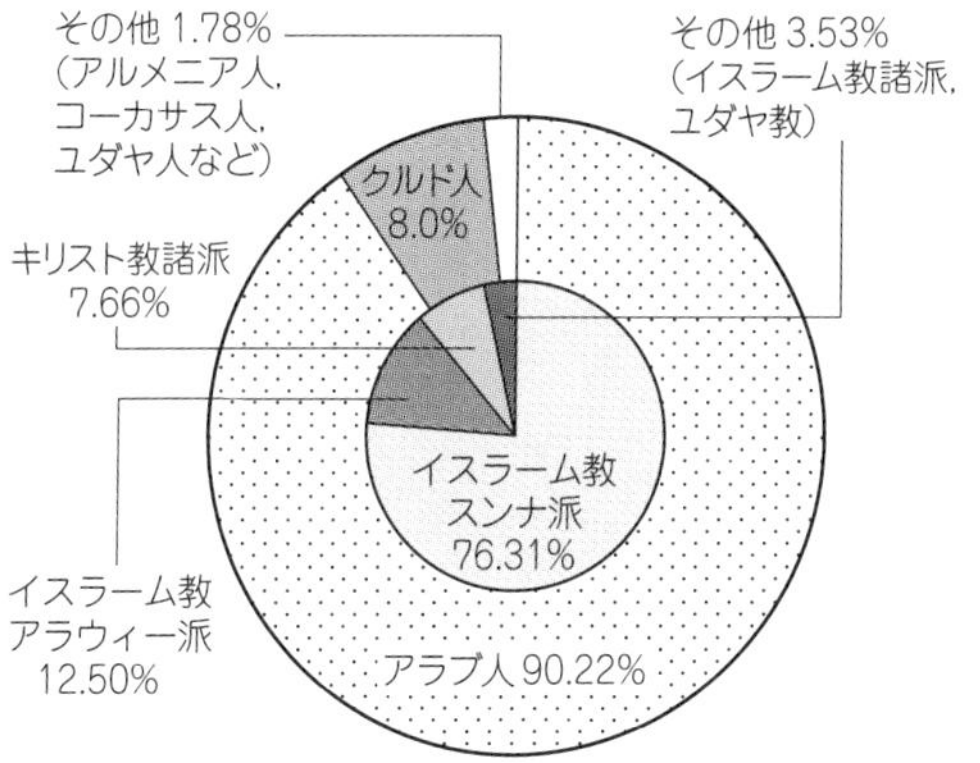

出所：青山『混迷するシリア』4ページをもとに筆者作成

図1　シリアの宗教・宗派集団，民族・エスニック集団別人口比（推計）

示したものだ。これを見ると、シリア社会はイスラーム教スンナ派に帰属し、アラビア語を母語とするアラブ人が多数派をなし、これにアラウィー派、クルド人などさまざまな宗派・エスニック集団が少数派として混住するモザイク社会であることが確認できる。しかし、このデータに基づいて、アサド政権の支配やシリア内戦を、宗派を軸に説明することは過剰一般化以外の何ものでもない。

むろん、シリアの政権中枢の宗教・宗派的帰属に着目すると、アサド大統領自身がそうであるように、多くがアラウィー派だ。しかし、それは、ハーフィズ・アサド前政権発足にいたる権力闘争の過程で、権力の一局集中化が進行し、政権中枢の同質性が高まった結果だった。政権

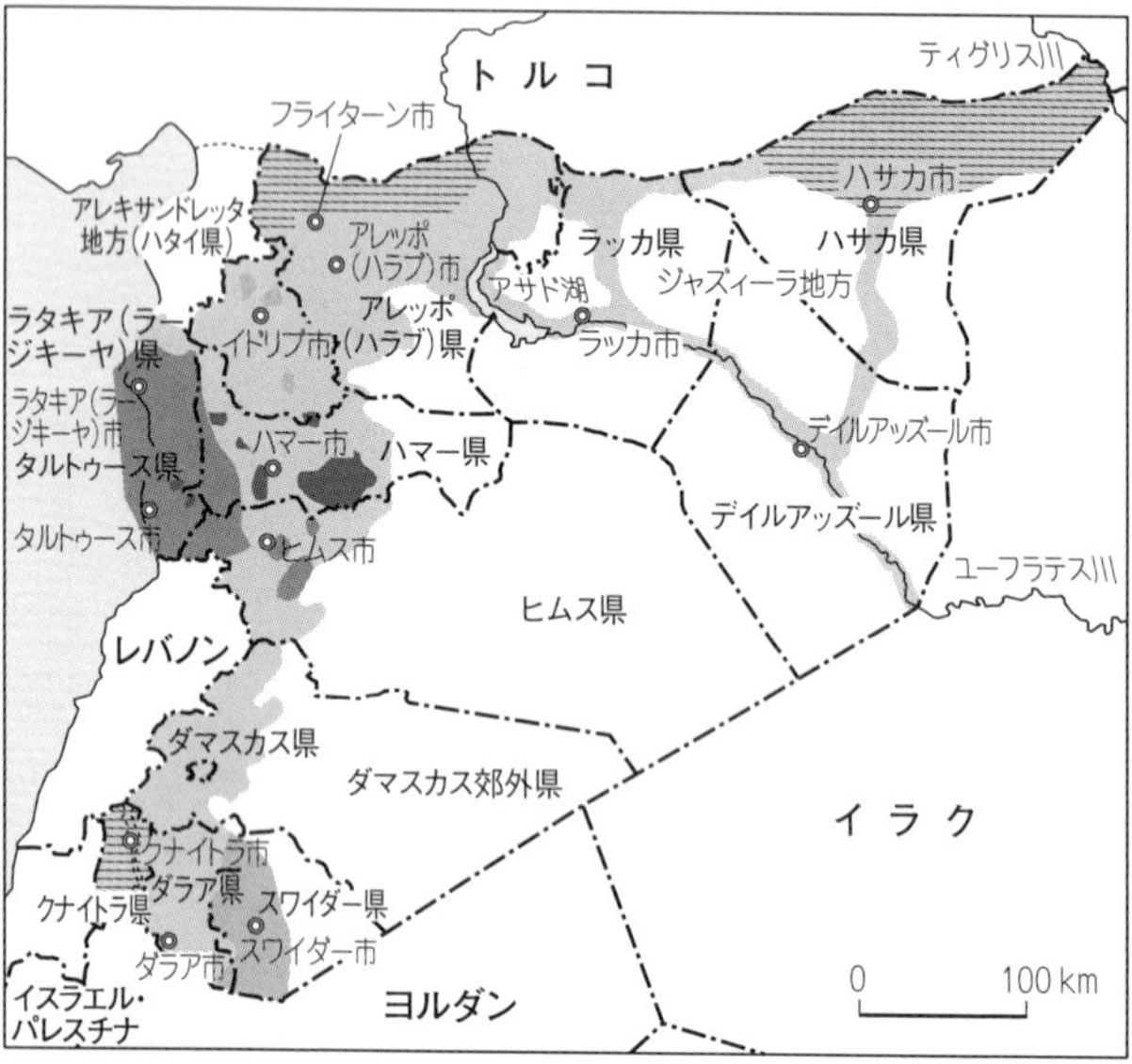

□イスラーム教スンナ派（アラブ人）
■イスラーム教アラウィー派（アラブ人）
■イスラーム教のその他の宗派（イスマーイーリー派、ドゥルーズ派、シーア派）
■キリスト教諸派（アラブ人、アルメニア人）
▤クルド人、その他のエスニック集団（アルメニア人、コーカサス人、ユダヤ人）

出所：間編『西・中央アジアにおける亀裂構造と政治体制』163 ページをもとに筆者作成

地図 2　シリアの宗教・宗派集団，民族・エスニック集団の棲み分け

中枢による統治は、アラウィー派の教義に基づいているわけでも、アラウィー派という宗派集団(信仰心の有無にかかわらず宗派に帰属している人)の利益を擁護しようとしているわけでもない。

加えて、シリア社会の多様性は宗教・宗派に限られたものではなく、民族・エスニック集団、地域、都市・農村、階級といった側面においても顕著だ。政権中枢の同質化は、宗教だけでなく、民族、階級などにおいても生じており、これらの差異を考慮せず、宗教・宗派だけを切り取って強調しても、何も説明していないに等しい。

現実はむしろ逆で、シリアの政治が、特定の宗教の教義のみに基づく排他主義に陥ることはなかったし、現在でもそれは同じだ。シリア社会はさまざまな社会集団が混在する「ナスィージュ」(アラビア語で「織物」の意)をなしており、そこでの政治的営為は、社会の多様性を尊重し、特定の社会集団の優劣を回避することなしには正統性を得られない。シリアの政治主体は、政権であれ、「反体制派」であれ、おおむねこの原則に従い、宗教・宗派、民族・エスニック集団、階級を越えた動員をめざしてきた。宗教・宗派を政治的に利用する傾向は「宗派主義」と呼ばれ、忌《い》み嫌われてきた。

シリア政治は、多くの国と同じく、権力をいかに掌握し、行使するかが原動力となっている。ここにおいて、宗教・宗派は、それ以外の社会経済的な属性と同じく、政治を行う組織・個人が自らの営為を正当化したり、他者のそれを貶めたりする際のツールに過ぎない。にもかかわらず、アサド政権を「アラウィー派独裁」と呼んだり、シリア政治を宗教・宗派に基づいて解釈しようとする姿勢は、図らずも宗派主義的な価値を含んでしまっているのだ。

シリアはさまざまな宗教・宗派からなるモザイク社会であることは客観的な事実である。だが、こうした多元性が存在することは、それに基づいて政治が動くことを意味しないのである。

3　シリア内戦を受けたアサド政権の改革

シリアの混乱は、「アラブの春」に触発されて発生した抗議デモをアサド政権が徹底弾圧したことで深まった。しかし、アサド政権はこの間、暴力だけで事態に対処しようとしたわけではなく、抗議デモで唱道された要求に対抗して、「包括的改革プログラム」と銘打った「上からの改革」に着手した。

「アラブの春」波及以前のシリアでは、軍・治安当局は通常法の手続きを経ずに、国家安全保障に抵触するとの理由で「反体制派」や市民を恣意的に逮捕、処罰することが許されていた。その法的根拠となったのが非常事態令だった。シリアにはまた、政治結社、より具体的に言うと野党の結成手続きや活動を規定した法律がなく、デモなどの示威行動を認否するための法制度も存在しなかった。それゆえ、「反体制派」は「非合法」とは言えないまでも「非公認」の組織とみなされ、司法当局、そして軍・治安当局の摘発対象となり得た。

しかも、こうした通常法からの逸脱と法律上の「不備」は、憲法の諸規定によって合法化されていた。一九七三年に公布された憲法は、第八条において「バアス党は国家と社会を指導する政党である」と定め、バアス党が与党として人民議会や内閣を主導するだけでなく、必要と判断した場合は、前衛党として超法規的な手段に訴えて国家を運営することが認められていた。軍・治安当局は、その幹部らがバアス党に党籍を持つことで、シリアの政治、経済、そして社会など公的生活のあらゆる側面に介入し、内閣、人民議会といった公的な機関に代わる「真の権力装置」としての役割を担うことができた。

「包括的改革プログラム」では、非常事態令が解除(二〇一一年四月二一日)され、平和的デモ調整法(二〇一一年四月二一日)、政党法(二〇一一年八月四日)、総選挙法(二〇一一年八月四日)、改正地方行政法(二〇一一年八月二三日)、新情報法(二〇一一年八月二八日)といった新法が制定された。これにより抗議デモで非難されていた法的・制度的な「不備」は解消された。

それだけでなく、アサド政権は二〇一二年二月二七日、国民投票で八九・四%の信任票を得て、新憲法を公布した。バアス党を前衛党と規定していた第八条は、新憲法では「国家の政体は政治的多元主義の原則に依り、権力は投票を通じて民主的に行使される」(第一項)、「公認政党と選挙団体は国民の政治生活に参与し、国民主権と民主主義の原則を尊重しなければならない」(第二項)と改められた。また新憲法の第九条は、「憲法はシリア社会のすべての構成要素が持つ文化的多様性、そしてその多様性のなかにある多元性を保護することを保障し、それをシリア・アラブ共和国の領土保全の枠組みのなかで、国民統合を強化する国民的遺産とみなす」として宗教・宗派、民族・エスニック集団の多様性にも配慮した。こうした一連の改革により、アサド政権は「反体制派」のお株を奪うかたちで自ら体制転換を行ったのである。

政権交代なき体制転換

しかし「包括的改革プログラム」は、「反体制派」が主唱したアサド政権の退陣を伴わなかった。新憲法のもと、二〇一二年五月には人民議会選挙の投票が実施されたが、旧憲法下で第一党だったバアス党は一三五議席から一五八議席へと議席を増加させた。また二〇一四年六月に実施された大統領選挙は、シリアの憲政史上初めて複数の立候補者が出馬したが、アサド大統領が八八・七%という圧倒的な票を獲得し、再選を果たした。「包括的改革プログラム」は二〇〇五年のバアス党大会で審議された改革案と同様、政権維持のための変革を目的としていたがゆえ、「政権交代なき体制転換」とでも言うべき奇妙な政治移行をもたらしたのである。

それだけでなく、強権政治を支えてきた軍・治安当局は、「反体制派」との暴力の応酬が激化するなかで、むしろ存在感を強めた。アサド政権は、総動員令の発動など、あからさまな戦時体制はとらなかったが、「テロ撲滅三法」と称される新法を制定（二〇一二年六月二八日）し、通常法のもとでの軍・治安当局による治安活動を強化した。これらの法は、「人々の間で混乱をもたらし、治安を麻痺させ、国家のインフラに損害を与え、武器・爆弾などをもって恐怖を与えるすべての行為」を「テロ」、そしてこうした行為を目的とした集団をテロ組織と定義し、新設（二〇一二年七月二五日）されたテロ犯罪特別法廷での処罰を定めた。かくして、軍・治安当局は、伝統的な概念としての「戦争」ではなく、「テロとの戦い」という「新たな戦争」のもとで合法的に治安維持活動にあたる権限を保障されたのである。

「真の権力装置」の活性化

加えて、「反体制派」の攻勢によってシリアの国家としての機能が低下したことが、皮肉なことに、軍・治安当局を含む「真の権力装置」を活性化させた。

「真の権力装置」とは、筆者がシリアの政治構造を「権力の二層構造」と呼んで説明する際に用いてきた概念である。

ハーフィズ・アサド前大統領が確立し、バッシャール・アサド現大統領が継承したシリアの政治構造は、内閣や人民議会といった法的、制度的枠組みのなかで権力を行使する「公的」な政治主体と、こうした枠組みを越えて権力を行使する「非公的」な政治主体の営為が密接に組み合わされることで機能してきた。しかし、公的な政治主体が行使する権力は、体制に「民主的」、「多元的」な様相を与える「名目的な権力装置」に過ぎなかった。

これに対して、非公的な政治主体は、通常法や制度の枠組みを越えて政治に独断的に関与し、政策決定やその遂行において実効的かつ決定的な役割を担ってきた。その主な担い手が、軍と「ムハーバラート」と呼ばれる治安当局で、この仕組みを保証してきたのが、前述の非常事態令、旧憲法第八条などの「例外規定」だった。

「包括的改革プログラム」はこうした「例外規定」を全廃し、「真の権力装置」の政治への関与を抑止するはずだった。しかし、シリア内戦によって国家機能が低下し、内閣、人民議会といった「名目的な権力装置」が衰弱すると、「テロとの戦い」の担い手となった軍・治安当局に加えて、「ビジネスマン」、「シャッビーハ」、「人民防衛諸組織」など、筆者が「第三層」と呼ぶ新たな権力の担い手が台頭した。

第三層は、体制内のいかなる権力装置にも身を置いていないにもかかわらず、大統領や政権との「特別な関係」に基づいて政策決定に大きな影響力を行使し得る非公的な政治主体で、国家機関を構成する軍・治安当局とは異なるが、制度や通常法の枠組みの外で活動することで、真の権力装置の一翼をなしていた。

「第三層」の台頭

「ビジネスマン」とは一般的な事業家を意味するのではなく、政権の庇護《ひご》のもと、投資・貿易事業などで莫大な利益を得ている前政権時代の高官の子息を指す隠語である。その筆頭にあげられるのが前述のラーミー・マフルーフだ。彼らは単なる受益者ではなく、自らが得た利益を体制維持のために惜しまず投じてきた。とりわけ二〇〇五年以降、彼らはNGO連合組織で、アスマー・アフラス大統領夫人が代表を務める「シリア開発信託」の設立・活性化を支援し、既存の政治秩序を是とし、その維持・強化に資するような市民社会を建設しようとしてきた。彼らは、シリア内戦発生後、欧州連合（EU）や米国の経済制裁により資産凍結、取引停止の対象となったが、政権を財政面で支え続けた。

「シャッビーハ」は、「想像しがたいことを行う（幽霊のような）人」を意味する方言で、シリアがレバノン内戦への干渉を始めた一九七〇年代半ばに、アサド現大統領の叔父マーリク・アサドが地中海岸地域で結成した武装犯罪集団を指す隠語として用いられるようになった。彼らはシリアやレバノンで密輸、人身売買、麻薬栽培・販売といった犯罪行為に関与してきたとされ、現大統領のいとこファウワーズ・アサドやヌマイル・アサドがその指導者として広く知られている。その数は二万五〇〇〇人とも一〇万人とも言われるが、実数は定かでない。彼らは時にその悪行や横暴ぶりによって政権と対立することもあるが、政権中枢との「特別な関係」によってその存在を黙認されてきたがゆえ、政権を擁護する行動を（意識的であれ、無意識的であれ）とる傾向が強い。

「人民防衛諸組織」は、国防隊や人民諸委員会といった親政権武装組織を指す総称で、「予備部隊」とも呼ばれた。これらの組織は、シリア内戦のなかで衰弱したシリア軍を軍事面・治安面で支える役割を担った。

「アラブの春」の波及以前のシリア軍は、常備軍三二万五〇〇〇人、予備役約三五万人を誇る中東最大の軍の一つだった。だが、常備軍は、二〇一二年には二九万五〇〇〇人、二〇一三年には一七万八〇〇〇人に減少し、離反兵の数は二〇一二年の推計で六万人以上に及んだ。これにより、シリア軍は慢性的な人員不足に見舞われ、多くの部隊が機能不全に陥った。二〇一二年八月に、現職のリヤード・ヒジャーブ首相が離反し、家族を連れて国外に逃亡して「反体制派」に転身すると、こうした解釈はさらに説得力を増した。

国防隊は、こうした状況に対応するために二〇一三年初めに結成された。非正規の武装組織である国防隊は、組織編成、活動内容、予算、法的地位などを定めた法律も存在していないために、不明な点が多いが、大統領の甥のハラール・アサドが設立を主導し、マフルーフやハラール・アサドの息子でビジネスマンのスライマーン・アサドらが資金供与を行ったと言われる。

国防隊は、各県に本部を構え、入隊志願者に対ゲリラ・市街地戦の教練を施し、隊員は制服、武器弾薬、車輛などを支給され、出身地の部隊に配属された。結成当初の兵力は約一万人だったが、二〇一三年半ばの段階でその数は一〇万人に達したとされる。また隊員は性別を問わず募集され、階級に応じて一カ月で一五〇米ドルから三〇〇米ドルの給与を支給された。

国防隊の幹部司令官は、そのほとんどがシリア軍の現役・退役士官である。こうした司令官の経歴、そして資金源ゆえに、国防隊はシャッビーハの「ダミー団体」とみなされることもある。また、国防隊の曖昧《あいまい》な法的地位に関しては、アサド政権が親政権の民兵の暴力への責任を回避するためだとも批判された。

人民諸委員会は、若者など住民が各街区、学校、職場などで自発的に組織・運営する互助団体を意味し、アラブ諸国において広く見られる。シリアにおいては、人民諸委員会は軍・治安当局、シャッビーハの野蛮な弾圧の支援を任務とする「アンタッチャブル」な民間人の一団と批判的に紹介されることが多い。事実、人民諸委員会は「アラブの春」波及当初、抗議デモの弾圧や治安維持活動、官制デモに参加した。また、シリア内戦が「軍事化」の傾向を強めた二〇一一年九月以降、小火器によって武装し、政権支持者が多く住む地域で自警活動を行うようになった。

人民防衛諸組織には、このほかにもバアス大隊（バアス党の民兵組織）、颶風《ぐふう》の鷲《わし》（進歩国民戦線に加盟するシリア民族社会党の民兵組織）、東部地域人民抵抗（デイルアッズール県の部族民兵組織）、アレキサンドレッタ地方解放人民戦線（ラタキア県、トルコのハタイ県出身者の民兵組織）、砂漠の鷹《たか》旅団（ロシア軍が教練した民兵組織）などがある。

シリア内戦が、「独裁」対「民主化」という二項対立を基調としていたとすれば、政権の弾圧を受けている社会の成員は「権力の二層構造」の外に身を置き、反体制運動を通じて政治に関与するはずだった。むろん、こうした動きは「民主化」、「政治化」、「軍事化」のいずれにおいても見ることができ、そこでは「反体制派」が活性化して、「調整」に代表される活動家や自由シリア軍が台頭した。

だがその一方で、第三層に自発的に参与することで、治安や安定の回復を目指そうとする者がいたことは看過すべきでない。こうした動きが多様なシリア社会におけるどの集団において顕著だったかは、実証的な検証を要する。だが、いずれにせよ、第三層の台頭は、多くの住民が避難生活を余儀なくされ、政治から身を遠ざけていったにもかかわらず、国家と社会をつなぐチャンネルが多様化し、相互の関係が強まったことを示していた。

シリア内戦によって、中東随一の「強い国家」だったシリアは、「弱い国家」へと転落した。だが、強権で知られた国家が弱体化したことは、離反や反抗を助長するだけでなく、国家を支えようとする「参加型の暴力装置」を育み、紛争という異常な状況下で「独裁」的な性格を薄めていったのである。

第3章

「人権」からの逸脱

米国、サウジアラビア、トルコ、カタールなどからなるシリアの友グループの内政干渉は、「人権」に基づいて自己正当化されていた。これらの国は、シリア国内の人道危機の責任の一切がバッシャール・アサド政権や、支援国であるロシア、イランにあると追及した。しかし、こうした姿勢は、徐々に行き詰まりを見せ、シリアの友グループは、シリア内戦の泥沼に引きずり込まれていくことになった。

1 「今世紀最悪の人道危機」の被害実態

「今世紀最悪の人道危機」と呼ばれるシリア内戦は、その人的・物的被害の深刻さが常に注目を浴びてきた。とりわけ、アサド政権の暴力は、「無差別攻撃」、「虐殺行為」、「戦争犯罪」との非難を浴びた。二〇一一年前半にシリア国内で散発的に生じたデモに対して、同政権は、戦車、ヘリコプター、戦闘機を投入して、これを強制排除し、活動家だけでなくその家族さえも容赦なく摘発した。また自由シリア軍が登場した二〇一一年半ば以降は、「反体制派」の

「解放区」を、地対地ミサイル、クラスター弾、白リン弾、そして「樽爆弾」（鉄製の筒などに爆薬や鉄くずなどを詰め込んだ爆弾）といった兵器で執拗に攻撃した。

犠牲者統計に潜む政治的偏向

しかし、「アラブの春」に端を発するシリア内戦は、いずれの局面においても情報戦としての性格が色濃く、あらゆる情報が、政治的に利用、そして操作されてきた。その最たる例が、シリアの友グループの干渉に根拠を与えたシリア内戦の被害、とりわけ死者数に関する統計データだ。

本書の「はじめに」では、シリア政策研究センター（SCPR）が二〇一六年二月に発表した報告書をもとに、二〇一五年末までに四七万人が死亡し、一〇〇〇万人強が国内外で避難生活を余儀なくされたと述べた。この数値はシリア内戦の被害をもっとも大きく見積ったデータとして国連などで引用された。これに対して、欧米諸国や日本でシリア内戦の犠牲者が言及される際に典拠とされたのは、シリア人権ネットワーク、シリア人権監視団という二つの反体制系NGOが集計したデータだった。この二つの組織の発表には、明らかに政治的偏向が見られた。

シリア人権ネットワークの統計データは、「反体制派」支配地域のみを調査対象とし、被害

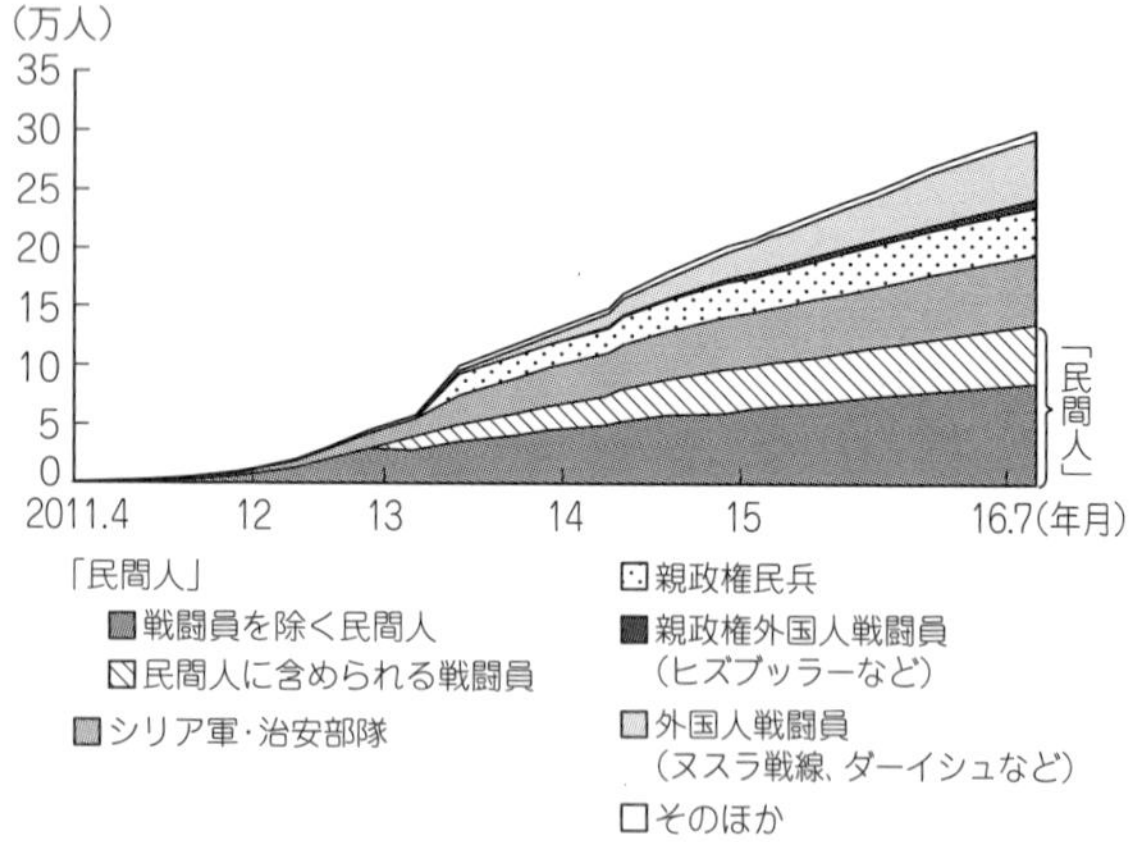

出所：シリア人権監視団データをもとに筆者作成

図2　シリアの紛争による死者数の変遷(2016年9月現在)

者の身元ではなく、加害者別に集計されていた。だが、狙撃による負傷者の多くが「誰に撃たれたか分からない」と証言し、また空爆を実施する戦闘機の所属を判別できないこともあるなか、加害者を特定するのはきわめて困難だ。つまり、このデータからは、「反体制派」支配地域での死者(のほとんど)はシリア軍の攻撃によるものだ、というはじめに結論ありきの評価しか導出できない。殺害の実態を把握するための貴重な情報だと言う向きもあるが、こうした事実は、計量データに依拠するまでもなく、日々のメディアの記事や画像から十分知ることができる。

これに対して、シリア人権監視団のデータは、シリア内戦の暴力が双方向的なもので、当事者を勧善懲悪で峻別することに意味がないと確認し得る点で有益である。図2に示したデータからは、「軍事化」が顕著になった二〇一一年半ば以降に死者数が急増していったこと、そして「民間人」が全体の約半数を占め、残る半数のうちの三分の二が軍・治安部隊、親政権民兵といったアサド政権側の死者であることが分かる。

その一方で、死者内訳における「民間人」に着目すると、政治的操作と非難されてしかるべき「配慮」がなされてきたことに気づく。シリア人権監視団は、二〇一一年半ば以降、「民間人」という細目を「民間人と反体制派戦闘員」に変更、また二〇一四年末にはこの「反体制派戦闘員」という言葉を「戦闘部隊およびイスラーム主義部隊の戦闘員」と「拡大解釈」していった。「民間人」に占める戦闘員の数は、二〇一六年九月では、一三万五〇〇〇人中四万八〇〇〇人と三分の一以上に及んだ。イスラーム過激派を含む武装集団を「武装した民間人」とみなすのであれば、シリア軍・治安部隊に属さない政権側の人民諸組織も「民間人」に含まれねばならない。しかし、シリア人権監視団は彼らを「民間人」に含めることはなかった。

国外難民・国内避難民発生の主因

ところで、シリア内戦による死者数について言及したので、国外難民と国内避難民(IDP)についてもここで触れておこう。

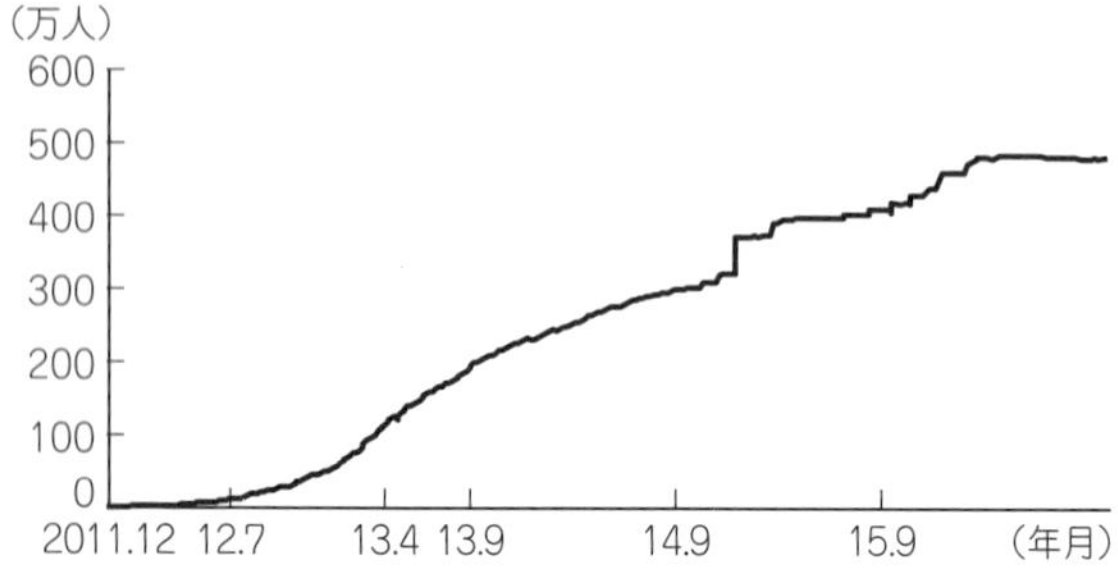

出所：UNHCR データをもとに筆者作成

図 3　国外難民の推移(2016 年 11 月現在)

国外難民は、二〇一五年半ばに西欧諸国へのシリアなどからの難民の流れがにわかに注目を浴びるようになる以前から、シリア内戦における暴力の激化に対応するかたちで発生、増加していた。国連難民高等弁務官事務所(UNHCR)の統計データによると、シリア内戦が「軍事化」、「国際問題化」の傾向を強めた二〇一一年一二月末、ヨルダン、トルコ、レバノン、イラクなどの周辺諸国に避難し、難民申請登録をしたシリア人の数は約八〇〇〇人だった。それが、「アル＝カーイダ化」を受けて国内での戦闘が激化した二〇一二年七月には一〇万人を越え、二〇一三年に入ると、四月には一〇〇万人、九月には二〇〇万人を記録、その状況は「今世紀最悪の人道危機」と評されるに至った。その後、イスラーム国によるカリフ制の樹立宣言から三カ月を経た二〇一四年九月に三〇〇万人に達し、二〇一五年七月には四〇〇万人の大台に乗った(**図3**を参照)。

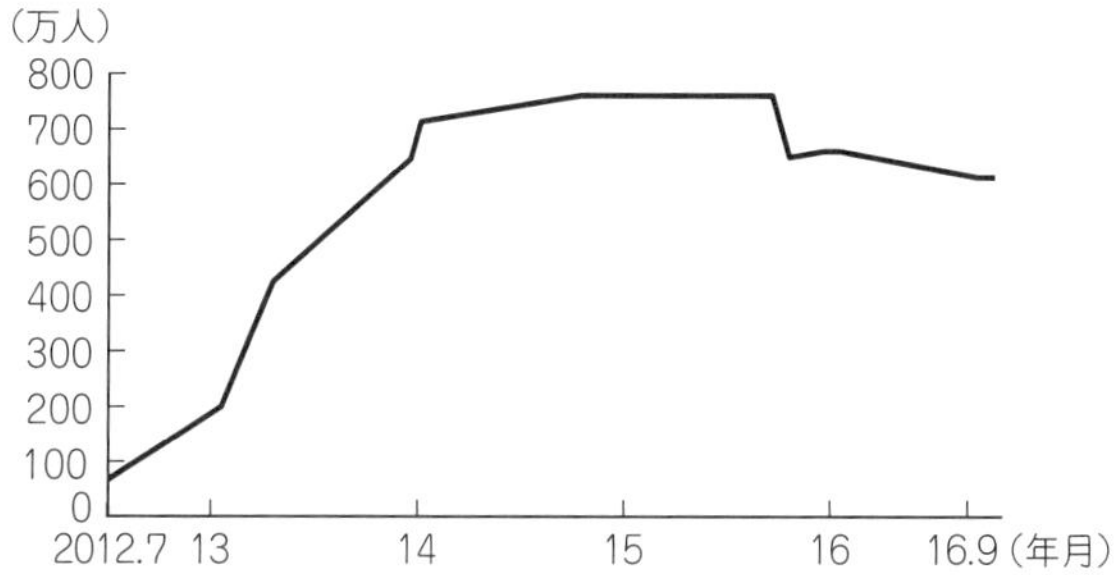

出所：OCHA データをもとに筆者作成

図４　国内避難民（IDP）の推移（推計）

国内でも多くの避難民が発生した。国連人道問題調整事務所（ＯＣＨＡ）によると、「アル＝カーイダ化」に伴い戦闘が激化した二〇一二年七月に、その数は七〇万人を越え、二〇一四年一月に七〇〇万人に達した（図４を参照）。

国外難民、国内避難民の発生の原因については、さまざまな指摘がされてきた。例えば、**図５**は、シリアなどからの移民・難民の流入が欧州諸国において大きな社会問題として注目を浴びるようになった二〇一五年九月から一〇月にかけて、ベルリン社会学センターがドイツ国内各地の難民八八九人を対象に行った調査結果である。この図を見ると、回答者の六八・六％が国外に逃れた理由として「命を脅かされた」を選び、六九・五％が「アサド政権とその同盟者」に戦闘の責任があると答えていることが分かる。

このデータから、国外難民・国内避難民の発生の主因は、アサド政権の暴力にあると結論づけることが可能で、現に

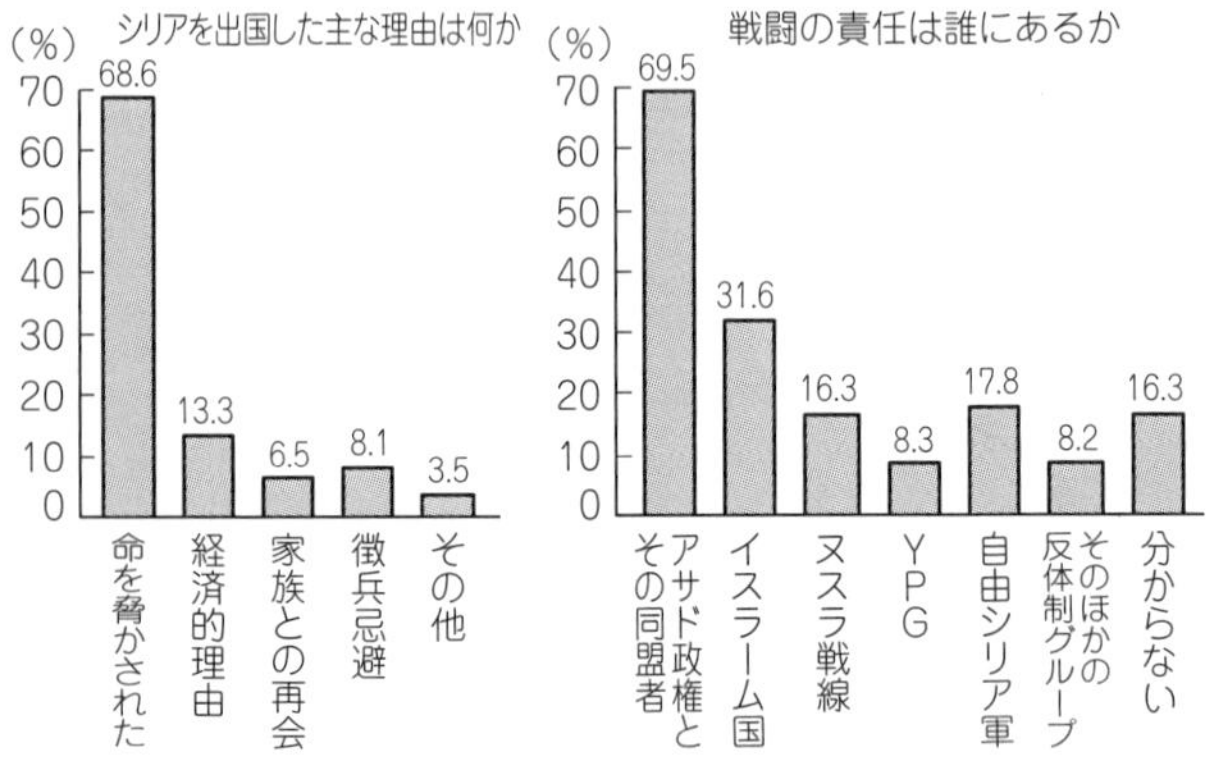

出所：Adopt A Revolution データをもとに筆者作成

図5　ドイツに逃れた国外難民を対象とした調査結果

そうした言説を頻繁に目にする。しかし、戦闘の責任に関する質問が複数回答方式であることは留意しておく必要がある。なぜなら、回答者の多くが「アサド政権とその同盟者」だけでなく、別の当事者、すなわち「イスラーム国」、「シャームの民のヌスラ戦線」、「自由シリア軍」、そして「そのほかの反体制グループ」の責任をも同時に追及しているからだ。つまり、この調査結果をより厳密に評価するならば、国外難民は「アサド政権とその同盟者」と「反体制派」双方による暴力の応酬に非があると認めていると見るべきなのだ。

犠牲者、難民、そして国内避難民の数や内訳がいかなるものであれ、これらの人的被害の主因の一つがアサド政権の暴力であることは今更言うまでもない。だが、勧善懲悪的な見方に引き寄せられてしまっては、シリア内戦の実像を見誤ることになる。重層的紛争であるシリア内戦の暴力は、双方向的――さらには多方向的――なものであるがゆえ、国内のすべての当事者が加害者であると同時に、被害者でもある。アサド政権であれ、「反体制派」であれ、「無差別攻撃」、「虐殺」といった非難を免れない行為を行っている点では変わりはない。そうしたなかで、シリア内戦の人的・物的被害を一部の当事者の「非道」や「残虐性」に還元し、別の当事者の暴力を黙認、あるいは共鳴するような姿勢は、敵意を再生産するだけで、暴力停止やシリア社会の救済・復興を考える起点とはなり得ない。

2 中途半端なシリアの友グループ

シリアの友グループの内政干渉は、「アラブの春」がシリアに波及するや、ただちに開始された。これらの国は、街頭での抗議デモに対する軍・治安当局の弾圧を厳しく非難し、アサド政権に対して「民主化」要求に応えるよう求め、同政権がこれに応じないと見るや、「アサドは(統治の)正統性を失った」と断じ、制裁を科していった。

しかし、「血のラマダーン」と称された大弾圧が行われた二〇一一年半ばまでに欧米諸国が行ったことと言えば、アサド大統領をはじめとする政権高官らの資産凍結ぐらいで、より実効性の高い措置を講じたのは、同年九月以降だった。シリアの主要な貿易相手国であった欧州連合(EU)とトルコは、九月から一一月にかけて、シリアに対して金融制裁、石油禁輸措置に踏み切った。またサウジアラビア、カタールをはじめとする湾岸諸国も、アラブ連盟におけるシリアの加盟資格停止措置を主導し、シリアへの投資を禁止し、在外資産を凍結していった。ただし、この頃には、シリア内戦の「民主化」としての局面は終わりを迎え、「軍事化」と「アル＝カーイダ化」が顕在化し、自由シリア軍を名乗る「反体制派」とシリア軍との間での暴力の応酬が激化していた。シリアの友グループの干渉は「民主化」支援と見られがちだが、シリア内戦の局面変化を見た場合、制裁強化は明らかに時期を逸していた。

欧米諸国の躊躇の理由

こうした対応の遅れは、欧米諸国がアサド政権に対する制裁発動や非難のために安全保障理事会(安保理)に提出した決議案に対して、ロシアと中国がことごとく異議を唱え、妨害したためだと言うこともできよう。両国は二〇一一年一〇月、二〇一二年二月、七月、二〇一四年五月、二〇一六年一〇月、一二月、二〇一七年二月、アサド政権による暴力停止、同政権への軍事支援禁止、国連憲章第七章に基づく制裁などを目的とした安保理決議案に対して六度にわたり拒否権を発動し、アサド政権退陣に向けた欧米諸国の直接介入を阻止してきた。

　また、チュニジアやエジプトと同様に、シリアでも早晩に政権が瓦解《がかい》し、体制転換が実現するだろうとの楽観論が、欧米諸国の追及の手を緩める遠因になったとの解釈も成り立つ。事実、欧米諸国の首脳がシリアの政権崩壊は「時間の問題」だと繰り返したのも、こうした読み違えを示すものだったと言える。

　しかし、欧米諸国にとってシリアは、中東、なかでも東アラブ地域の混乱抑止に寄与する「安全弁」としての利用価値があった。第一章で述べた通り、シリアは、イスラエルや欧米諸国との対決姿勢を堅持し、レバノンのヒズブッラーやパレスチナ諸派を支援してきた。だが同時に、これら組織が「暴走」して自国を巻き込むような全面戦争が勃発するのを回避するため、彼らへの支援を適度に制御し、「戦争なし、平和なし」という微妙な均衡を作り出すことで、欧米諸国に期せずして貢献してきた。それゆえ、東アラブ地域の安全保障をめぐるシリアの地政学的な利用価値が確実に保障されるか否かという勘定が、欧米諸国のなかで意識的、ないしは無意識的に働き、経済制裁に代表される一連の対応に遅れをもたらしたのだ。

　シリアの「反体制派」はかつては、アサド政権と同様、シリア社会の反米感情、反イスラエル感情に訴えて活動を行う傾向が強かった。だが、「アラブの春」波及以降は、欧米諸国に対して親和的な姿勢をとる政治組織や活動家が目立つようになった。シリア国民連合や自由シリア軍は、その言動において欧米諸国の意向を「純朴」に体現することで、支援を獲得し、勢力を拡大しようとした。彼らのなかには、政権を掌握したら、ヒズブッラーとの関係を再考するといった主張を躊躇《ちゅうちょ》せずに繰り返す者さえいた。ヒズブッラーが政権側に立ち、「反体制派」との戦闘に参加していたことを踏まえると、こうした発言は、至極全《まっと》うだった。

だが、それはシリアが長年にわたって果たしてきた「安全弁」としての役割を「反体制派」が放棄し、欧米諸国が彼らのために東アラブ地域の不安定化を回避するための負担を担わねばならないことを意味していた。アサド政権への過度の嫌悪感ゆえに「思慮」を欠いた「反体制派」の親和的姿勢に対して、欧米諸国は諸手《もろて》をあげて歓迎することができなかった。

むろん、こうした負担に見合うための見返りが得られれば、欧米諸国はシリアでの体制転換を追求しただろう。例えば、二〇〇三年のイラク戦争によって、米国主導の有志連合がサッダーム・フセイン政権を崩壊させて以降、欧米諸国はイラクでの混乱に対処するため多大な負担を余儀なくされた。しかし、欧米諸国はその見返りとして、同国の石油利権を掌握した。これに対して、シリアには、その地政学的な「利用価値」の高さとは裏腹に、経済的な魅力が欠けており、イラクに匹敵するだけの「旨み」がなく、軍事力行使などの直接的な介入の費用対効果は低かった。

担保されたイスラエルの安全保障

以上を踏まえると、欧米諸国の対シリア政策は、「人権」という観点から見ると完全に破綻していた。しかし、東アラブ地域の安全保障に目を向けた場合、それは必ずしも失敗とは言い切れない。なぜなら、この政策の結果として、少なくともイスラエルに対する安全保障上の脅威は軽減したからだ。

イスラエルに神経戦を挑んできたアサド政権は、シリア内戦のなかで衰弱し、物理的にも政治的にもイスラエルを脅かす存在ではなくなった。「アラブの春」が波及する以前は、イスラエルは、アサド政権による核保有や、ヒズブッラーへのスカッド・ミサイル供与に警戒し、二〇〇七年九月にはデイルアッズール県中部のユーフラテス河畔《かはん》にあった軍事施設を「核施設」と断じて越境空爆し、破壊した経緯があった。

シリア内戦によって、アサド政権、そしてその戦略的パートナーであるヒズブッラーは「北部戦線」（シリア）に釘付《くぎづ》けとなり、「南部戦線」（イスラエル）での行動は制限されることになった。

欧米諸国の負担とイスラエルの安全保障上の脅威を必要最低限に抑え続けようとすれば、アサド政権の指導のもとでシリアが「強い国家」として復活を遂げ、政治的、軍事的な存在感を増すことは好ましくない。その一方、アサド政権が倒れて、体制転換が実現しても、シリアの安定や安全保障上の役割が維持される確実性もない。欧米諸国にとって、唯一のプラグマティックな選択肢とは、アサド政権と「反体制派」が際限のない武装闘争を続けることでシリアが「弱い国家」として存続し、彼らが期せずして欧米諸国にとって利用価値のある振る舞いをすることだけなのである。

「戦争なし、平和なし」という状況を維持する最善の方途は、「「独裁」打倒なし、「民主化」実現なし」という微妙な均衡を保つことで、欧米諸国にとってはそのために、シリア内戦が勝敗を決しないまま永続することが好ましかった。

3　化学兵器使用疑惑――シリア内戦の最初の「パラダイム転換」

欧米諸国の対シリア政策は、東アラブ地域の安全保障体制の維持という点では一定の成果をあげた。しかし、この成果は、対シリア政策の根拠である「人権」との間に大きな齟齬《そご》をきたすもので、欧米諸国がシリア国内の混乱を再生産し続けるには、「人権」以外の別のパラダイムに基づいて、干渉を自己正当化するのがより賢明だった。そのきっかけとなったのが、二〇一三年八月にダマスカス郊外県グータ地方で発生した化学兵器使用疑惑事件だった。

情報戦の激化

首都ダマスカスやアレッポ市に戦火が及ぶようになった二〇一二年七月以降、シリア国内での暴力の応酬は激化した。これにより、自由シリア軍を名のる「反体制派」は「解放区」を拡大し、アサド政権は衰退を続けた。しかし、二〇一三年に入ると、シリア軍は反転攻勢に転じ、五月には、ヒズブッラーと連携してシリア中部の戦略的要衝《ようしょう》であるヒムス県クサイル市の奪還に成功、「反体制派」の進攻を鈍化させた。

両者の一進一退の攻防が続き、戦況が膠着《こうちゃく》状態に入るなか、激しさを増したのが情報戦だった。化学兵器や有毒ガスが使用されたとの情報が頻繁に流れるようになり、シリアの友グループは、事態打開に向けた新たな介入の口実を模索するかのように、「反体制派」とともにアサド政権の化学兵器使用を断じ、その非道ぶりを強調した。

米国は四月二五日、情報機関の情報収集の結果、アサド政権が化学兵器を使ったとの「確信」を得たと主張した。また、同月三〇日には、バラク・オバマ大統領が「アサド政権による化学兵器使用を確認できれば、「ゲーム・チェンジャー」(ゲームを変える要因)になる」と発言し、軍事介入を国際公約した。

これに対して、アサド政権は、化学兵器を使っているのが「反体制派」だと反論し、自らへの非難をかわすため、三月に先手を打つかたちで化学兵器使用の実態調査を国連に要請した。事件は、この要請を受けて派遣された国連調査団がダマスカスに到着した直後に発生した。

国連調査団がシリア入りして三日目となる八月二一日未明にダマスカス郊外県グータ地方東部のムウダミーヤト・シャーム市などで化学兵器が使用されたとの情報が流れると、米英仏、そして「反体制派」は、SNSなどの公開情報、現地の活動家・医師の証言、さらには「公開できない機密情報」を根拠に、アサド政権の犯行と断じるとともに、サリン・ガスが使われた可能性が高いと主張した。

しかし、断定の根拠となった情報と証言には疑問の余地があった。死者数は発表する団体によって三五五人から一七〇〇人と大きく開きがあった。また、インターネットを通じて公開された映像は、いずれも攻撃が行われたとされる事件発生前日の二〇日付だった。

こうしたなか、アサド政権やロシアは、「反体制派」が化学兵器を使用したと反論した。また、欧米諸国の一部メディアも、サウジアラビアのバンダル・ビン・スルターン総合情報庁長官（当時）を介して「反体制派」が化学兵器を入手し、使用した可能性があると指摘した。

及び腰の米英仏とロシアの「助け船」

化学兵器使用疑惑事件をめぐる言説は、そのいずれもが状況証拠と憶測に基づいているだけで、実行犯を特定する決定的かつ具体的な証拠はなかった。この曖昧さのなかで、各当事者は自らの政治目標の実現をめざすべく、事件を政治的に利用していった。

攻勢に出たのはオバマ政権だった。米国は事件が発生すると即座に軍事介入に向けて動きだし、これに英国、フランスが追随した。しかし、米国の動きは、三つの点で不自然で、明らかに論理のすり替えが見られた。第一の点は介入の根拠である。米国、そして英仏両国は、そもそもアサド政権の非人道性を経済制裁や非難の根拠としていた。こうした姿勢が真摯《しんし》だったとするなら、これらの国は、化学兵器使用を待つまでもなく、アサド政権による住民への弾圧、無差別攻撃に対して「保護する責任」を行使し、軍事介入して然るべきだった。

第二の点は軍事介入の目的である。欧米諸国の介入は、本来であれば、シリア国民を弾圧するアサド政権の打倒をめざすのが自然だ。しかし、米英仏は、軍事介入の目的を体制打倒ではなく、化学兵器の再使用を阻止し、「懲罰」を科すという「控えめ」なものへとすり替えた。

第三の点は想定された攻撃の規模である。米英仏は、アサド政権への「懲罰」という目的に沿って限定的な空爆の実施を計画した。しかし、限定的な攻撃で「貧者の核」とされる化学兵器を根絶するという発想はあまりに現実味を欠いていた。

米英仏が準備していた軍事介入は、「アラブの春」の予定調和に基づいた体制打倒といった点でも、また「大量破壊兵器拡散防止」という点でも実質的な効果を見込めなかった。介入に同調したのは、トルコ、サウジアラビアなど一部の国だけで、「反体制派」もシリア国民連合以外の多くの組織が慎重な姿勢を示した。しかも米英仏の国内でも、世論の反発は強かった。英国では、デヴィッド・キャメロン首相が国会での不信任を理由に攻撃への参加断念を決定する一方、米国のオバマ政権、そしてフランスのフランソワ・オランド大統領は、本来であれば手続き上必要のない国会での審議・承認を口実に、攻撃を猶予しようとした。

米英仏の姿勢は、シリアへの直接軍事介入を望んでいないことを暗示していた。だが、欧米諸国の存在意義にかかわる「人道」によって干渉を自己正当化してきたこれらの国が、振り上げた拳《こぶし》を下ろし、空爆を撤回することは、アサド政権に対する政治的敗北ととられかねず、自らの信念への背信を意味した。とりわけ軍事介入を国際公約してしまったオバマ政権は、シリア内戦の泥沼に足をすくわれ、自力で抜け出すことは不可能かに見えた。しかし、この状況に「助け船」を出した国があった。シリアをめぐって米国と対立していたロシアである。

九月九日、ジョン・ケリー米国務長官が訪問先のロンドンでの会見で、「アサド政権への攻撃をやめる唯一の道がある。それはすべての化学兵器を引き渡すことだ」と発言すると、事態は急展開した。同日、ロシアがシリアの化学兵器を国際管理下に置き、廃棄することを提案すると、アサド政権はただちにこれを受諾し、一二日にロシアの提案を履行《りこう》するための第一歩として、化学兵器禁止条約（CWC）への加盟を申請し、ケリー国務長官の発言に同調した。

これを受け、米国は一二日から一四日にかけてロシアと協議し、シリア国内の化学兵器の全廃に向けた工程に合意し、これが履行されることを条件に攻撃を見送るとの姿勢を示した。この合意は、①アサド政権は保有するサリン・ガス、マスタード・ガス、VX神経ガスなど、すべての化学兵器の種類、量、保管場所・形態、研究・製造施設を九月下旬までに申告する、②同政権は一一月までに化学兵器禁止機関（OPCW）と国連調査団の査察を受け入れ、化学兵器の製造・保管施設を破壊する、③二〇一四年前半までに化学兵器全廃をめざす、といった点を骨子とした。

最終的に、国連安保理は九月二七日、この合意に法的拘束力を与える安保理決議第二一一八号を全会一致で採択した。同決議は、二〇一三年八月の事件について、攻撃の実行者を特定しないまま「もっとも強い言葉で非難」する一方で、米国・ロシア合意に支持を表明し、アサド政権をシリア国内での化学兵器廃棄に責任を有する当事者と定めた。合意不履行に関しては「国連憲章第七章のもと措置を講じる」と明記し、実際の制裁や武力行使については新たな決議の採択を必要とすると規定した。

米国・ロシア合意は、化学兵器使用疑惑事件の最大の受益者となるはずだったシリア国民連合を一気に不利な立場へと追いやった。欧米諸国の軍事介入に期待を寄せていた彼らは、合意にいたる動きを「陰謀」、「裏切り」と非難し、拒否した。また、米国の軍事介入に呼応して国内各地で地上戦を展開しようとしていた武装集団も落胆し、戦術の立て直しを迫られた。しかし、軍事介入に異論を唱えていた民主的変革諸勢力国民調整委員会や民主統一党(PYD)など国内で活動している政治組織、地元の活動家、そして軍事攻撃を恐れて国外に避難していた住民の多くは、この動きを好意的に受け止めた。

一方、アサド政権は、米国の「脅迫」に屈し、これまで保有を暗示してきた化学兵器の廃棄を受け入れるという大きな譲歩を強いられた。だが、シリアの化学兵器廃棄を実行する「唯一の正統な代表」として認められることになった。欧米諸国は、「人権」に基づいてアサド政権の統治の正統性を頑なに否定し続けつつも、「大量破壊兵器拡散防止」という新たなパラダイムのもとで、その支配を黙認したのである。

有名無実化する「ゲーム・チェンジャー」

米国・ロシア合意を受け、シリアは一〇月にＯＰＣＷに正式加盟し、その監督のもと、アサド政権はミサイル弾頭や爆弾など化学兵器関連の装備の破壊作業を開始した。

ＯＰＣＷが申告を受けた二三の関連施設の一部は「反体制派」の包囲を受けていたため、廃棄日程には当初から遅れが生じることが懸念された。だが、廃棄プロセスは粛々と進められ、二〇一四年六月までに、申告された化学物質はすべてがノルウェーとデンマークの船舶によってイタリアへ移送された。このうち、サリン・ガス、マスタード・ガスなどの製造に使用される、危険度の高い化学物質約五七〇トンは、廃棄設備を備えた米国籍船が公海上で廃棄し、作業は八月に完了した。一方、危険度の低い化学物質約一三〇〇トンは、フィンランド、英国、米国の工場に搬送され、廃棄された。またシリア国内の化学兵器生産工場もそのすべてが破壊された。こうしてＯＰＣＷは二〇一五年一月に声明を出し、申告済みの化学兵器、物質の九八％の廃棄を完了したと発表、そして翌年一月に、廃棄完了を宣言した。

廃棄作業と並行して、国連調査団は、化学兵器、有毒ガスが使用されたとされる地域を調査し、真相究明をめざした。調査は、二〇一三年八月の事件だけでなく、アサド政権、米英仏双方が国連に申し立てた一六件を対象とした（表2を参照）。

二〇一三年九月半ばに国連調査団が提出した報告書では、二〇一三年八月の事件についての調査結果が開示された。同報告書は、被害者の症状、被害者・目撃者の証言、現場の土壌、被害者の血液、毛髪などのサンプルから「地対地ロケット弾にサリン・ガスと思われる有毒ガスが装塡され、住民に対して使用された」と結論づけた。そして、二〇一三年一二月に提出された最終報告書では、二〇一三年八月の事件を含む四件で化学兵器、ないしは有毒ガスが使用されたと結論づけたうえで、シリア軍、「反体制派」双方が化学兵器を使用した可能性が高いと指摘した。

シリア国内での化学兵器使用をめぐる問題は、アサド政権による化学兵器全廃と、実行者を特定する権限を有さない国連調査団の最終報告をもって決着した。むろん、その後も、化学兵器使用をめぐる非難の応酬は続けられ、シリアの友グループはアサド政権の責任を追及しようとした。しかし、二〇一四年に入って、イスラーム国が台頭し、化学兵器使用の「最重要容疑者」として注目を浴びるようになると、アサド政権へのバッシングは勢いを失っていった。

表2　化学兵器使用疑惑に関する国連の調査結果

年月日	場　所	告発国	調査実施の有無 化学兵器，有毒ガスの使用の有無
2012年10月17日	サルキーン市(イドリブ県)	フランス	調査実施せず
12月23日	ヒムス市(ヒムス県)	英国 フランス	調査実施せず
2013年３月13日	ダーライヤー市(ダマスカス郊外県)	英国	調査実施せず
３月19日	ハーン・アサル村(アレッポ県)	シリア政府	シリア軍に対する化学兵器使用を確認
３月19日	ウタイバ村(ダマスカス郊外県)	英国 フランス	調査実施せず
３月24日	アドラー市(ダマスカス郊外県)	英国	調査実施せず
４月12〜14日	ダマスカス県ジャウバル区	フランス	調査実施せず
４月13日	アレッポ市シャイフ・マクスード地区(アレッポ県)	米国	住民に対する化学兵器使用を確認
４月25日	アドラー市(ダマスカス郊外県)	英国	調査実施せず
４月29日	サラーキブ市(イドリブ県)	英国	確認できず
５月14日	カスル・アブー・サムーラ市(ハマー県)	米国	調査実施せず
５月23日	アドラー市(ダマスカス郊外県)	米国	調査実施せず
８月21日	グータ地方各所(ダマスカス郊外県)	米国 英国 フランス など	住民に対する化学兵器使用を確認
８月22日	バハーリーヤ村(ダマスカス郊外県)	シリア政府	確認できず
８月24日	ダマスカス県ジャウバル区	シリア政府	シリア軍に対する化学兵器使用を確認
８月25日	アシュラフィーヤト・サフナーヤー市(ダマスカス郊外県)	シリア政府	確認できず

出所：“United Nations Mission to Investigate Allegations of the Use of Chemical Weapons in the Syrian Arab Republic: Final Report” をもとに筆者作成

シリアの友グループの追及内容も、サリン・ガスなどの化学兵器ではなく、塩素ガスの使用に力点を移すことで「矮小化」された。塩素は、毒性の高い物質で、第一次大戦においては兵器として使用された。だが、日常生活においても容易に発生するといった理由から、化学兵器とみなされないことが多い。

二〇一四年五月、イドリブ県タッル・マンス村、タマーニア町、ハマー県カフルズィーター市でのシリア軍の攻撃において塩素ガスが使用されたとシリアの友グループや「反体制派」が主張した。これを受け、ＯＰＣＷは調査チームを派遣し、一二月に「強い確信をもって」塩素ガスが使用されたとする報告書を国連安保理で回付したことで、化学兵器をめぐる問題への関心がにわかに高まりを見せた。

国連安保理は事態に対処するため、二〇一五年三月、シリア国内での「塩素など有毒化学物質の化学兵器としての使用」を非難し、その使用を禁止する安保理決議第二二〇九号を賛成一四カ国、棄権一カ国(ヴェネズエラ)で採択した。また八月には、シリア国内での化学兵器使用の責任追及について定めた安保理決議第二二三五号を採択した。米国が作成し、ロシアが事前合意していたこの決議は、サリン・ガスなどの化学兵器に加えて、塩素ガスの使用を国連安保理決議違反とし、国連とＯＰＣＷによる合同査察機構(ＪＩＭ)がシリア国内で調査を実施し、そ

表3　JIMによる化学兵器使用疑惑の調査結果

年月日	場　所	化学兵器，有毒ガスの使用の有無
2014年4月11日	カフルズィーター市（ハマー県）	シリア軍による爆撃を確認できず
4月18日	カフルズィーター市（ハマー県）	シリア軍が爆撃したことは確認し得るが，有毒ガスの使用の有無は特定できず
4月21日	タッル・マンス村（イドリブ県）	シリア軍ヘリコプターがコンクリート製のビルを爆撃した直後に有毒ガスが飛散
4月29，30日	タマーニア町（イドリブ県）	情報不足により検証できず
5月25，26日	タマーニア町（イドリブ県）	情報不足により検証できず
2015年3月16日	クマイナース村（イドリブ県）	シリア軍が攻撃したことは確認し得るが，有毒ガスの使用の有無は特定できず
3月16日	サルキーン市（イドリブ県）	シリア軍ヘリコプターが住宅を爆撃した直後に塩素ガスの特徴と合致した有毒ガスが飛散
3月24日	ビンニシュ市（イドリブ県）	住民の証言などに一貫性を見出せず
8月21日	マーリア市（アレッポ県）	マスタード・ガスが使用されたこと，および現地でその能力を有する唯一の組織がイスラーム国であることを特定

出所："Third Report of the Organization for the Prohibition of Chemical Weapons-United Nations Join Investigative Mechanism（S/2016/738）"をもとに筆者作成

の責任追及を行うと明記した。

　しかし、この過程で、米国はまたも論理のすり替えを行った。五月一四日、オバマ大統領は、塩素ガスの兵器としての使用は禁止されているとしつつ、「塩素そのものは歴史的に化学兵器には挙げられない」と述べ、その使用を「レッド・ライン」としないとの立場を示したのである。以降、シリア国内での化学兵器、塩素ガスの使用は、アサド政権、「反体制派」、イスラーム国のいずれが容疑者となったとしても、二〇一三年八月のようなヒステリックな反応を呼ぶことはなくなった。二〇一六年八月、JIMは三度目となる報告書(表3を参照)を国連に提出、調査対象とした九件のうち三件でシリア軍が塩素ガスと思われる有毒ガスを、また一件でイスラーム国がマスタード・ガスを使用したと結論づけた。しかし、こうした事実は、アサド政権を非難する以外のいかなる具体的行動も伴わなかった。

第4章
「反体制派」のスペクトラ

シリア内戦が「軍事化」の局面を強めるようになった二〇一一年半ば以降、バッシャール・アサド政権と「反体制派」の暴力の応酬が顕著となり、シリア国内は混乱の度合いを深めた。ここで言う「反体制派」は、「アラブの春」の通俗的解釈においては、自由シリア軍、すなわち「独裁」に対して武力で立ち向かう「革命家」、「フリーダム・ファイター」と認識されることが多い。しかし、本書で「反体制派」をカッコ「 」付きで示してきたのは、この言葉がシリア内戦の第五局面である「アル＝カーイダ化」を覆い隠すマジック・ワードとして用いられてきたからだ。

1 「反体制派」の同質性と異質性

「アル＝カーイダ化」は「軍事化」の背後で進行した。アル＝カーイダの指導者であるアイマン・ザワーヒリーが二〇一二年二月半ばにビデオ声明を出し、シリアの現体制を「世俗的・宗派的体制」と指弾し、周辺諸国のイスラーム教徒に「持ち得るすべてをもってシリアの同胞を救済する」よう呼びかけると、欧米諸国も「アル゠カーイダ化」に警戒するようになり、米国家情報長官は同月下旬、シリア国内で頻発するようになった爆弾テロにイラク・アル゠カーイダが関与している可能性があると指摘した。

ヌスラ戦線とイスラーム国

この頃、シリア国内では、アフガニスタン、イラクなどでの戦闘経験を持つ外国人やシリア人過激派が、シャームの民のヌスラ戦線の名で活動を本格化させていた。二〇一一年末に活動を開始したとされるヌスラ戦線は、二〇一二年一月、指導者のアブー・ムハンマド・ジャウラーニーが声明で正式に結成を宣言し、アレッポ市、ダマスカス県での爆弾テロ、要人暗殺への犯行声明を出すことで、その存在を知られるようになった。ヌスラ戦線はまた、二〇一二年半ばには、イドリブ県、アレッポ県、ハマー県などでシリア軍基地や拠点への攻撃を本格化させ、支配地域を拡大し、二〇一二年一一月三〇日付『ワシントン・ポスト』は彼らを「もっとも攻撃的で成功した反体制武装集団」と評した。

事態を受け、米国務省は二〇一二年一二月、ヌスラ戦線をイラク・アル゠カーイダの「別名」として登録し、同組織を外国テロ組織（FTO）に指定した。国連も二〇一三年五月、アル

＝カーイダの「別名」としてアル＝カーイダ制裁委員会リストに追加登録、その後二〇一四年五月には独立組織として登録変更した。しかし、欧米諸国は、イスラーム過激派の活動がシリア国内に限定されている限りにおいて、「アル＝カーイダ化」を「独裁」に対する抵抗運動とみなして放置し続けた。

欧米諸国が「アル＝カーイダ化」への対応に本腰を入れるようになったのは、イスラーム過激派の脅威が国境を越え、イラクに及ぶようになってからだった。きっかけは、二〇〇六年にイラク・アル＝カーイダが中心となって結成されていたイラク・イスラーム国の指導者アブー・バクル・バグダーディーが二〇一三年四月九日に突如発表した声明だった。

バグダーディーはこの演説で、米国によるヌスラ戦線のＦＴＯ指定を追認するかのように「ヌスラ戦線はイラク・イスラーム国の延長で、その一部にほかならない」と暴露したうえで、両組織を完全統合し、「イラク・シャーム・イスラーム国」を名乗ると宣言した。イラク・シャーム・イスラーム国は英語で「Islamic State of Iraq and Syria」または「Islamic State of Iraq and Levant」であり、ここにこの英語名の頭字語で表される「ＩＳＩＳ」、「ＩＳＩＬ」が成立した。なお、イラク・シャーム・イスラーム国はアラビア語で「ダウラ・イスラーミーヤ・フィー・イラーク・ワ・シャーム」(al-Dawla al-Islāmiya fī al-'Irāq wa al-Shām)と言い、アラブ世界では、その頭文字をとって「ダーイシュ」(Dāʿish)と呼ばれた。

しかし、シリアでの勢力拡大に尽力してきたヌスラ戦線は、バグダーディーがその成果を「横取り」しようとしたことを不服とした。四月一一日、ジャウラーニーは声明を出し、組織統合についてメディアを通じて知ったと憤慨し、アル＝カーイダ指導者のザワーヒリーへの忠誠を改めて表明した。また、イラク・シャーム・イスラーム国への合流を拒否し、ヌスラ戦線のまま活動を継続すると発表した。

かくして、シリアにヌスラ戦線とイラク・シャーム・イスラーム国という二つのアル＝カーイダが並存し、対立し合うという事態が生じた。両組織はアレッポ県、イドリブ県、ハリカ県、ハマー県、ヒムス県、デイルアッズール県などでそれぞれシリア軍に攻勢をかけ、支配地域を拡大する一方で、各地で衝突した。イラク・シャーム・イスラーム国が出現する直前の三月、ヌスラ戦線を筆頭とするイスラーム過激派や自由シリア軍からなる「反体制派」はラッカ市を攻略し、初めて県庁所在地を手中に納めた。だが、一〇月までにイラク・シャーム・イスラーム国が「反体制派」の排除に成功し、同市を「首都」と位置づけた。

両組織の対立に対して、ザワーヒリーは一一月に声明を出し、ヌスラ戦線とイラク・シャーム・イスラーム国の活動の場をそれぞれシリア、イラクに分けるとの裁定を下し、その履行を要請した。しかし、この呼びかけは、イラク・シャーム・イスラーム国の拒否で奏功しなかった。最終的にザワーヒリーは二〇一四年二月初めの声明で、イラク・シャーム・イスラーム国の再三にわたる命令無視を非難し、断交を宣言、破門した。

ザワーヒリーと袂《たもと》を分かち、シリア国内での活動を続けたイラク・シャーム・イスラーム国は、二〇一四年一月頃からイラクでも活動を再活性化させ、支配地域を徐々に拡大していった。そして、六月、イラク第二の都市モスル市を完全制圧し、その直後にバグダーディーを頂点とするカリフ制の樹立を宣言した。組織名はイラク・シャーム・イスラーム国から「イスラーム国」(Islamic State すなわちＩＳ)に変更された。

さまざまなイスラーム過激派

シリアでは二〇一三年に入ると、ヌスラ戦線、イスラーム国が支配地域を拡大したが、活動していたイスラーム過激派はこの二組織だけではなかった。それ以外にも、シャーム自由人イスラーム運動、ジュンド・アクサー機構、ムハージリーン・ワ・アンサール軍、ムハンマド軍、イスラーム軍、シャーム軍団を名乗る組織が次々と結成され、勢力を振るった。

シャーム自由人イスラーム運動は、アフガニスタンやイラクでの戦闘経験を持つアル＝カーイダ・メンバーのアブー・ハーリド・スーリーや、サイドナーヤー刑務所(ダマスカス郊外県)での収監経験を持つハッサーン・アッブードらが二〇一一年末に結成した組織で、カタールとトルコがこれを支援した。当初はシャーム自由人大隊を名乗っていたが、各地で活動する武装集団を糾合して、全国規模の組織に成長し、シャーム自由人イスラーム運動に改称した。指導者の一人アブー・ハーリドは、ザワーヒリーと親交があり、ヌスラ戦線とイスラーム国の不和を解消するために仲介を試みたことで知られているが、二〇一三年二月下旬にイスラーム国メンバーとされる刺客の自爆攻撃で暗殺された。アブー・ハーリドの経歴からも明らかな通り、シャーム自由人イスラーム運動はアル＝カーイダの系譜を汲んでいるが、二〇一五年以降、アル＝カーイダとの関係をことさら否定し、「独裁」打倒をめざす「フリーダム・ファイター」だとアピールするようになった。そして、二〇一七年一月には、シャームの鷹旅団、ムジャーヒディーン軍、「命じられるままに進め」連合、シャーム革命家大隊など、自由シリア軍を名のる「反体制派」を吸収統合していった。

ジュンド・アクサー機構は、ヌスラ戦線を離反した武装集団が二〇一四年一一月に結成した組織で、イドリブ県、ハマー県北部、アレッポ県南部を主な活動拠点とした。アル＝カーイダに忠誠を誓っているが、メンバーのなかにはイスラーム国に共鳴する者も多く、それが原因となり、ヌスラ戦線やシャーム自由人イスラーム運動とたびたび衝突した。だが、その一方で、これらの組織とイスラーム国の活動を架橋《かきょう》する役割も果たしてきた。ジュンド・アクサー機構は、二〇一六年九月に米国が特別指定グローバル・テロ組織(SDGT)に指定、またその直後にシャーム自由人イスラーム運動と戦闘を激化させ、一〇月に両者の対立を仲介したシャーム・ファトフ戦線(二〇一六年七月にヌスラ戦線より改称)に吸収統合された。しかしその後二〇一七年一月、シャーム自由人イスラーム運動との対立を再燃させ、シャーム・ファトフ戦線を破門され、アクサー旅団、アンサール・トルキスタンといった組織に分裂した。

ムハージリーン・ワ・アンサール軍は、チェチェン人のアブー・ウマル・シーシャーニーの指導のもと、チェチェン人などの外国人戦闘員が二〇一二年半ばに結成した武装集団で、アレッポ県で活動した。

ムハンマド軍は、二〇一三年半ばにエジプト人のアブー・ウバイダ・ムハージルらの主導のもとシリア国内で活動していた外国人戦闘員が結成した組織で、日本では同年四月にトルコ経由でシリアに不法入国した日本人青年がイスラーム教に改宗後に参加した組織として知られた。同組織は二〇一六年六月にヌスラ戦線に忠誠を誓った。

イスラーム軍は、二〇一一年九月頃にダマスカス郊外県ドゥーマー市で結成されたイスラーム中隊を母胎《ぼたい》とした。イスラーム旅団への改称を経て、二〇一三年九月に約五〇の武装集団を糾合してイスラーム軍を名乗るようになった。サウジアラビアがもっとも支援に力を入れた組織で、ダマスカス郊外県のほか、アレッポ県などでも活動した。なお、二〇一二年七月に首都ダマスカスでアースィフ・シャウカト副参謀長らを爆殺した事件に対して、犯行声明を出したイスラーム旅団はこの組織の前身である。

シャーム軍団は、シリア・ムスリム同胞団に近い組織で、二〇一四年三月頃にアレッポ県で活動する複数の武装集団が糾合して結成され、トルコの後援を受けた。

シリア内戦における「軍事化」の局面において、自由シリア軍を名乗る「反体制派」が弱小だったにもかかわらず、アサド政権が徐々に窮地に追い込まれていったのは、こうしたイスラーム過激派が暗躍していたからにほかならない。しかし、この事実が欧米諸国や日本で報じられることはほとんどなかった。シリア内戦はあくまでも「独裁」に対する市民の「民主化」闘争で、「革命家」、「フリーダム・ファイター」がアサド政権打倒に向けて攻勢をかけていると考えられ続けたのである。

イスラーム過激派の同質性

前記の通り、イスラーム過激派は多くの組織に分かれていたが、それらの間にはいくつかの点で同質性を確認することができた。

第一に、その多くが共通の起源を持ち、外国人が主導的な地位を占めていた点である。イスラーム国とそれ以外のイスラーム過激派は、前者が外国人、後者がシリア人の組織と考えられることが多い。だが、実際のところ、ヌスラ戦線、シャーム自由人イスラーム運動、ムハージリーン・ワ・アンサール軍、ムハンマド軍も外国人が幹部や戦闘員の多くを占めている点で共通していた。

第二に、これらの組織・個人の所属がきわめて流動的だったという点である。例えば、二〇一四年六月末、ヌスラ戦線のナンバー二と目されていたアブー・ムハンマド・アドナーニー報道官とデイルアッズール県で活動していたメンバー多数は、カリフ制樹立を宣言したイスラーム国に移籍した。ムハージリーン・ワ・アンサール軍も、指導者のシーシャーニーがカリフ制樹立に合わせてイスラーム国に合流し、イスラーム軍、自由シリア軍を名乗る武装集団のメンバー多数がイスラーム国に所属変更した。一方、二〇一四年一二月には、イスラーム国に忠誠を誓っていたイスラーム・ウカーブ旅団が、イドリブ県で攻勢に出たヌスラ戦線に参加するという逆の現象も起きた。こうしたことから、イスラーム過激派に分類される組織・個人の多くが、その時々の戦況において、より有力な集団に日和見《ひよりみ》的に所属を変更し、活動していたことが分かる。

第三に、連合組織結成や共同戦線設置を通じて共闘した点である。シャーム自由人イスラーム運動、イスラーム軍が在地の小規模武装集団の離合集散の結果として結成されたことからも明らかな通り、武装集団どうしの共闘・再編は頻繁に行われてきた。イスラーム過激派全体の離合集散を俯瞰《ふかん》すると、イスラーム国が他の組織と一線を画し、単独で活動する傾向が強かった。これに対し、ヌスラ戦線、シャーム自由人イスラーム運動、ムハージリーン・ワ・アンサール軍、ムハンマド軍、イスラーム軍、シャーム軍団といった組織は、連合組織を結成したり、共同戦線を設置することで、シリア軍への優位を確保しようとした。**巻末の表**は主な連合組織、共同戦線を列記したものだが、これを見ると、イスラーム過激派が、アル＝カーイダの系譜を汲むか否かにかかわりなく、縦横無尽に連携し合ってきたという事実を改めて確認できる。

イスラーム過激派と自由シリア軍の関係

ところで、**巻末の表**で示した武装集団のなかには、自由シリア軍を名乗る武装集団が多く含まれている。例えば、南部戦線やハズム運動は、自由シリア軍を名乗る武装集団の連合体と目されていたが、そのなかにはイスラーム過激派が多数いた。また、イスラーム過激派が主導する連合組織であるイスラーム戦線、アレッポ・ファトフ軍には、自由シリア軍を名乗る第一〇一歩兵師団、第一三師団、ヌールッディーン・ザンキー運動などが参加しており、アル＝カーイダの系譜を汲むシャーム自由人イスラーム運動は自由シリア軍と目される武装集団を内包していた。さらに、自由シリア軍参謀委員会指揮下にあったデイルアッズール軍事評議会にいたっては二〇一四年六月半ば、イスラーム国への忠誠を表明し、その傘下に入った。これは、イスラーム過激派どうしだけでなく、イスラーム過激派と自由シリア軍の間にも、組織・個人の所属の流動性や合従連衡《がっしょうれんこう》が顕著だったことを示している。

「独裁」に対する「民主化」闘争に邁進《まいしん》する自由シリア軍が掲げる「自由」、「尊厳」といった理念は、イスラーム過激派の懐古趣味的なヴィジョンとは相容れない。それゆえ、両者は対立し合っていたと思われがちだ。事実、二〇一三年一二月には、イドリブ県バーブ・ハワー国境通過所近くにある自由シリア軍参謀委員会の武器庫・拠点を、イスラーム軍が主導するイスラーム戦線が襲撃し制圧した結果、自由シリア軍参謀委員会は国内の拠点を喪失した。また二〇一四年一一月には、イドリブ県ザーウィヤ山一帯を勢力圏としていたシリア革命家戦線（ハズム運動の前身）がヌスラ戦線の攻勢を受け、トルコ方面に敗走した。しかし、こうした対立を経て、シリア国内に残留した自由シリア軍は生き残りをかけて、次第にイスラーム過激派との連携を強めていった。

両者の連携は、前者の後者への依存というかたちをとった。その最たる例が、自由シリア軍による戦果の誇張（ないしは捏造）である。二〇一三年八月にヌスラ戦線をはじめとするイスラーム過激派がラタキア県北部のカサブ市一帯制圧を目的として開始したいわゆる「沿岸解放作戦」に際して、自由シリア軍参謀委員会は所属部隊が戦果をあげていると喧伝《けんでん》した。また二〇一四年一二月、イドリブ県で勢力を増大させたヌスラ戦線は、シャーム自由人イスラーム運動、ジュンド・アクサー機構とともに、マアッラト・ヌウマーン市郊外のワーディー・ダイフ軍事基地とハーミディーヤ軍事基地を制圧したが、自由シリア軍参謀委員会を統括するシリア国民連合はヌスラ戦線を「革命部隊」と呼び、これを賞賛した。

「反体制派」は、アル＝カーイダの系譜を汲む組織を含むイスラーム過激派と、自由シリア軍を名乗る「フリーダム・ファイター」が不可分に結びついた総体をなしており、それらを単純かつ明確に峻別することなどできなかった。両者はシリア内戦における「軍事化」と「アル＝カーイダ化」が同時進行するなかで、そのイデオロギー的な志向や政治目標を異にしつつも、一種のスペクトラのように連なっていた。

2　ホワイト・ヘルメットとは何者か

ところで「反体制派」のスペクトラは、武装集団に限られたものだろうか。シリア内戦のなかで、アサド政権の打倒をめざす「反体制派」のなかには、これまで見てきた自由シリア軍、イスラーム過激派といった武装集団だけでなく、シリア国民連合、民主的変革諸勢力国民調整委員会、民主統一党（PYD）などの政治組織も含まれた。また、「反体制派」によってシリア政府の支配を脱した「解放区」には、「地元評議会」を名乗る活動家や地元の名士が自治に奮闘し、彼らは「独裁」に抵抗し、「民主化」の実現をめざす存在と認識された。

地元評議会は「反体制派」の支配地域の自治を担った集団を指す。それは「解放区」を一元的に統治する全国規模の組織ではなく、特定の村、町、都市、あるいは都市内の街区の自治を担っており、またその機能も自治全般を網羅してはおらず、教育文化活動、警察治安活動、医療活動、社会福祉提供などさまざまな分野に特化するケースが多かった。「解放区」の自治はこうした雑多な組織・個人の緩やかなネットワークのなかで運営されたが、そのなかにあって、二〇一四年頃から、欧米諸国や日本のメディアにおいてその活動を注目されるようになった全国規模の組織がホワイト・ヘルメットだった。

シリアの友グループによる支援

ホワイト・ヘルメットは正式名称を民間防衛隊という。二〇一二年末から二〇一三年初めにかけて、戦災者の救助や治療、犠牲者の埋葬を行うために各地で結成されたボランティア・チームに起源を持ち、これらが二〇一四年一〇月に統合することで正式に発足した。代表はラーイド・サーリフ（イドリブ県ジスル・シュグール市出身）が務め、二〇一六年半ばの段階で、八県（アレッポ県、イドリブ県、ラタキア県、ハマー県、ヒムス県、ダマスカス県、ダマスカス郊外県、ダラア県）に一一四のセンターを擁し、二八五〇人のボランティアが活動していたという。

「反体制派」支配地域で人命救助を続けた彼らは、その勇敢さと無償の奉仕精神を称賛された。「中立、不偏、人道」を掲げ、いかなる政党、政治組織にも属せず、サーリフ代表は「瓦《が》礫《れき》のなかから、ヒズブッラーの戦闘員、イラン人、シリア軍兵士さえも救出してきた」と主張した。しかし、草の根的、中立的、そして非政治的なイメージとは対象的に、その背後には、シリアの友グループの影が見え隠れした。

ホワイト・ヘルメット結成を主導したのは、シリア人ではなく、ジェームズ・ルムジュリアーという英国人だった。彼はサンドハースト王立陸軍士官学校を卒業後、北大西洋条約機構(NATO)の諜報部門や国連英国代表部に勤務し、コソボ、イスラエル、イラク、レバノンなどで二〇年以上にわたり職務にあたった。その後二〇〇〇年代半ばに民間に移籍し、アラブ首長国連邦(UAE)に拠点を置く危機管理会社グッド・ハーバー・インターナショナルのコンサルタントとなった。このルムジュリアーが、欧米諸国などから寄せられた資金を元手に、二〇一三年三月からトルコのイスタンブールでシリア人の教練を開始し、組織化したのがホワイト・ヘルメットだった。

ルムジュリアーはまた、二〇一四年にメイデイ・レスキューと称するNGOをオランダで立ち上げ、米国、英国、ドイツ、日本といった国の政府は、この団体を経由して、ホワイト・ヘルメットに資金を供与した。例えば、米国際開発庁(USAID)は二〇一三年以降、少なくとも二三〇〇万米ドルを援助し、英国も二〇一二年から二〇一五年にかけて一五〇〇万英ポンドを提供した。このほか、米国の開発企業ケモニクス・インターナショナル、UAEのコンサルタント会社ARK、そしてトルコのNGOのAKUT捜索救援協会などが、ホワイト・ヘルメットに技術や装備の提供、広報、組織運営といった分野で支援を行った。

ホワイト・ヘルメットを支援するシリアの友グループは、すでに述べたとおり、アサド政権の退陣をめざして、さまざまな干渉を続けてきた。二〇一二年にはシリア国民連合結成を後押しし、「シリア国民の唯一の正統な代表」として承認する一方、自由シリア軍やイスラーム過激派からなる「反体制派」を後援した。また、アサド政権が国民に対して「樽爆弾」や化学兵器といった兵器を無差別に使用していると非難し、二〇一三年には米英仏が化学兵器使用疑惑事件に乗じて軍事介入を画策した。さらに、イスラーム国が台頭すると、有志連合としてシリア領内を空爆した。米国、英国、トルコに至っては地上部隊を潜入させた。

欧米諸国のこうした多様な支援を踏まえると、ホワイト・ヘルメットが対シリア干渉政策の一環として位置づけられていたとしても不思議ではなかった。事実、ホワイト・ヘルメットの言動は欧米諸国の世論を意識し、「反体制派」的な色合いを帯びていた。彼らは連日、インターネットを通じて活動現場の写真や映像を公開したが、それらはいずれもアサド政権側の攻撃の被害者を撮ったもので、紛争被害者の約三分の一以上を占めるシリア軍兵士や人民防衛諸組織メンバーを救出するデータが公開されることはなかった。

また、ホワイト・ヘルメットの活動地域は「反体制派」が支配する「解放区」に限定された。その理由に関して、公式ホームページでは以下の通り弁明されていた。

「政権側支配地域での活動は許可されていない。我々が市民に与える希望が、市民の抵抗を手助けするというだけの理由で、政権は私たちを殺そうとする。政権側支配地域でも我々を求める声がある。しかし、我々が助けようとすると、政権軍が撃ってくる。もし許されるのなら、シリア全土ですべての人々に奉仕したい」。

しかし、こうした言葉とは裏腹に、ヌスラ戦線やシャーム自由人イスラーム運動が二〇一五年三月に結成したファトフ軍（巻末の表及び第五章を参照）の広報ビデオに登場するホワイト・ヘルメットのボランティアは「シャッビーハの遺体はゴミ箱に棄てる」と主張した。

「反体制派」との関係

しかも、ホワイト・ヘルメットがどのように「解放区」での活動を許可されているのかも実は判然としなかった。これに関して、彼らは、地元評議会や自由シリア軍との折衝《せっしょう》を通じて活動地域を拡大したと主張した。だが、群雄割拠の状態にある「解放区」で、誰からも攻撃を受けずに活動できたのは、ホワイト・ヘルメットがイスラーム過激派や外国人戦闘員とさえも協力・相互依存関係にあったためだ、と解釈する声も存在した。

とりわけ、ホワイト・ヘルメットとヌスラ戦線の「親密」な関係は、インターネット上に氾濫する多くの画像から明らかだとも言われた。ファトフ軍によるイドリブ県制圧(二〇一五年三月、第五章で詳述)に際して、ヌスラ戦線の旗を振るボランティアの映像、アレッポ県フライターン市でヌスラ戦線が処刑した住民の遺体を搬送・処分するボランティアの写真などがそれだ。

むろん、これらのデータは現地で実際に何が起きたのかを示しておらず、プロパガンダの材料に過ぎないかもしれない。しかし、それらはホワイト・ヘルメットが「ヌスラ戦線の救援部門」だとする主張に説得力を与えた。ホワイト・ヘルメットが「中立的」だというのなら、これらのデータに反論し、ヌスラ戦線との関係を否定して然るべきだが、彼らが明確な態度を示すことはなかった。

それだけでなかった。二〇一六年一〇月七日付レバノン日刊紙『サフィール』は、ホワイト・ヘルメットが「外国の専門家」から救助活動だけでなく、メディアでの露出のあり方についての教練を受けていたとの「匿名ボランティア」の証言を紹介した。こうした証言の是非もまた実証できない。だが、ホワイト・ヘルメットが配信する広報資料のなかには、「マネキン・キャンペーン」と呼ばれる手法(マネキン人形のように静止した演者を動画で撮影する手法)で撮影した「捏造」映像も存在した。

ホワイト・ヘルメットは二〇一六年四月には米開発NGO連合体のインターアクションの人道賞を、九月にはスウェーデンのライト・ライブリフッド賞を受賞し、一〇月にはノーベル平和賞候補にノミネートされ、欧米諸国と日本で注目を浴びた。また、二〇一七年二月には、ホワイト・ヘルメットを題材とした映画が米アカデミー賞短編ドキュメンタリー賞を受賞した。しかし、インターアクション人道賞やアカデミー賞の授賞式に出席するため米国を訪問しようとした幹部メンバーが「不名誉情報」を理由に入国拒否に遭うといった出来事が起きる度に、彼らの活動は賛否両論を呼んだ。

ホワイト・ヘルメットがシリア軍の激しい空爆に晒されるなか、「地獄のなかの希望」として救援活動を行っていたことは厳然たる事実で、その活動は称賛と支持に値するものだった。しかし、こうした称賛や支持は、彼らが「中立、不偏、人道」を体現していたことを意味せず、彼らは好もうと好まざろうと「反体制派」スペクトラのただ中に身を置いてしまっていた。

3　アサド政権を支える外国人戦闘員

「反体制派」の主流をなすイスラーム過激派、とりわけイスラーム国やヌスラ戦線には、多くの外国人戦闘員が参加し、彼らが活動を主導していた。「反体制派」が、シリア社会の文化的多様性を根本から否定するイスラーム過激派の思想に依拠し、外国人によって主導され、諸外国の支援を受けた「異質」な存在だとアサド政権が批判するのは、こうした事実を受けたものだ。だが、外国に依存していたのはアサド政権も同じだった。その支援者はロシア、イランといった国に限られず、イスラーム過激派に対応するような非国家の政治・軍事主体をも含んだ。

その筆頭にあげられるのがレバノンのヒズブッラーだ。ヒズブッラーはレバノンの国民議会(国会)に議席を有し、政党として活動するだけでなく、自らの地盤地域で、教育、福祉、医療、メディアといったさまざまな分野の傘下団体を発展させてきた。また、対イスラエル武装闘争を目的とする武装部隊(レジスタンス)を擁し、「国家内国家」として、レバノン国内で確固たる地位を築いてきた。加えて、イランの後援を受け、アサド政権と戦略的協力関係を築くことで、東アラブ地域、さらには中東の政治において無視し得ない存在だった。

レバノン政府自体はシリア内戦に対して不関与政策を採用し、その影響が及ぶのを回避しようとした。これに対して、ヒズブッラーは当初から、サイイダ・ザイナブ廟(ダマスカス郊外県)

表4　アサド政権の支配を支える主な外国人武装集団とその送出国・地域

送出国・地域	組織名
イラン	イラン革命防衛隊(クドス旅団，バスィージュ)，ホラーサーニー前衛連隊(イラン)
レバノン	ヒズブッラー，シリア民族社会党，バアス党レバノン地域指導部，ドルゥーズ派民兵，アマル運動，アラブ民主党，レバノン・タウヒード潮流
イラク	アブー・ファドル・アッバース旅団，ズー・フィカール旅団，イマーム・マフディー軍，アンマール・ブン・ヤースィル旅団，ハマド旅団，アフル・ハック団，アサドゥッラー・ガーリブ旅団，イマーム・ジュムタバー旅団，ヒズブッラー大隊，サイイド・シュハダー大隊，イマーム・フサイン大隊
パレスチナ	パレスチナ人民解放戦線・総司令部派(PFLP-GC)，クドス旅団，パレスチナ解放軍，ファタハ・インティファーダ
そのほか	フースィー派民兵(イエメン)，シリア中隊欧州戦線(在欧シリア人)，スラヴ軍団(ロシアの民間治安警備会社)，アフガン・シーア派民兵(アフガニスタン，ハザラ人)，ファーティミーユーン大隊(アフガニスタン)，ザイナビーユーン大隊(パキスタン)，ロシア人，ウクライナ人，コロンビア人，アゼルバイジャン人，アルメニア人の傭兵

出所：Kull-nā Shurakā', Archicivilians のデータをもとに筆者作成

をはじめとするシリア国内のシーア派(一二イマーム派)聖地を防衛するとの名目で、人員を派遣した。「軍事化」の様相が激化すると、ヒズブッラーは多数の戦闘員を派遣し、シリア・レバノン国境地域だけでなく、ラタキア県、アレッポ県などの最前線で「反体制派」やイスラーム国と交戦した。

シリア軍と共闘する外国人の武装集団はヒズブッラー以外にも多く存在した。**表4**に列記したイラン革命防衛隊、イラク人やアフガン人(ハザラ人)の民兵

組織がそれで、彼らは、主にイランの後押しを受け、シリアに参集した。これらの武装集団に加えて、シリア国内各地に点在するパレスチナ難民キャンプやパレスチナ人居住地区の若者も、アサド政権を支援、そのなかには、パレスチナ人民解放戦線・総司令部派（PFLP－GC）といった古くからの同盟者のほか、シリア内戦のなかで組織化されていったクドス旅団のような組織もあった。彼らは、第二章で見た人民防衛諸組織とともにシリア軍を後方支援することもあれば、主力部隊として「反体制派」と対峙することもあった。その数を正確に把握することはできないが、主要な武装集団であるヒズブッラー（推計五〇〇〇～八〇〇〇人）、イラン革命防衛隊（推計七〇〇〇人）、イラク人のアブー・ファドル・アッバース旅団（推計三〇〇〇～一万人）、クドス旅団（推計二〇〇〇～三〇〇〇人）の戦闘員の数を合計すると、一万七〇〇〇人から二万八〇〇〇人に及ぶ。この数は、**表1**で見たシリアとイラクで活動する「反体制派」の外国人戦闘員の数にほぼ匹敵した。

「反体制派」とシリアの友グループは、イラン、ロシア、そしてこれらの外国人戦闘員によるアサド政権への全面支援を「占領」と非難し、同政権はそのおかげで存続しているに過ぎないと主張した。だが「反体制派」も事情は同じで、シリアの友グループの後援があって初めてアサド政権に政治的、軍事的に対峙し得ていた。シリア内戦は「国際問題化」の局面において、シリア国内の当事者間の対立を諸外国がハイジャックするだけでなく、「アル＝カーイダ化」の局面において、アサド政権と「反体制派」の双方が、外国人戦闘員を呼び込み、彼らへの依存を強めることで混乱を増長させ、シリア人自身の力では収拾不能なまでに事態を悪化させてしまったのである。

第５章

シリアの友グループの多重基準

二〇一三年夏の化学兵器使用疑惑事件は、「人権」を根拠とするシリアの友グループ、とりわけ米国の対シリア政策にパラダイム転換を引き起こすきっかけを与えた。これにより、バッシャール・アサド政権は化学兵器廃棄に責任を有する「唯一の正統な代表」としての存続を認められることになった。だが、シリアの友グループはその後も、シリアへの干渉を正当化するための「第三のパラダイム」を模索した。このパラダイムこそが、シリア内戦の第五局面「アル＝カーイダ化」の深化に伴って唱道されることになる「テロとの戦い」だった。

1　軍事バランスの変化を模索

シリアの友グループは、シリア内戦当初からアサド政権に退陣を求める強硬な姿勢をとってきたが、同政権を打倒し、それにとって代わり得るような有力な「反体制派」を見つけることができなかった。ここで言う「反体制派」とは、シリア内戦の「政治化」の当事者である政治組織や活動家を意味するが、彼らは、第一章で見た通り、雑多で、まとまりを欠き、政治手腕に乏しかった。そこで、シリアの友グループは政権打倒そのものをめざすのではなく、政権の受け皿となる「反体制派」の育成から始め、またこれと並行して「反体制派」の劣勢を打開するための軍事バランスの変化をもたらすという「控えめ」な戦略をとった。

ジュネーブ合意とシリア国民連合をめぐる不協和音

この戦略にかたちを与えたのが、二〇一二年六月末に国連主催のもと、シリアの友グループを構成する米国、英国、フランス、カタール、クウェート、トルコと、これに対抗するロシア、中国、イラクが参加して開かれたジュネーブ会議（ジュネーブ一会議）であった。これがその後の和平協議の起点となった。

和平協議は、アサド政権の存廃を最大の争点にしていたと解釈されることが多い。事実、会議参加国は、この点をめぐって激しく意見を戦わせた。だが、閉幕時に採択されたジュネーブ合意は、シリア内戦を平和的対話と交渉のみによって解決すると定め、政権打倒であれ、「反体制派」根絶であれ、軍事的な決着を否定した。それだけでなく、合意は、「現政権、反体制組織、それ以外の組織のメンバーから構成され、完全なる行政権を有する移行期統治機関（すなわち移行政府）を当事者の総意のもとに発足させる」として、政治移行プロセスにおけるアサド政権の存続を是認した。また「シリア社会のすべての成員が国民対話に参加し、憲法改正を検討し、その結果を信任投票に諮《はか》る」と定め、紛争解決後の現政権の進退についても明言を避けた。

この内容は、アサド政権の排除に合意することを「主権」侵害だとするロシア、中国、イランの主張を反映したものだった。実はこの時点で、アサド政権の存続は規定路線となり、シリアの友グループは「控えめ」な戦略ゆえにこれを承諾してしまったのである。

「反体制派」の育成は、二〇一一年一一月に米国の肝煎りで、在外活動家がシリア国民連合を結成したことでひとまず成果をあげた。シリアの友グループはこの組織を「シリア国民の唯一の正統な代表」として承認し、政権の受け皿になることを期待した。しかし、「ホテル革命家」の寄り合い所帯が、泡沫組織としての域を脱することはなかった。

シリア国民連合は、自由シリア軍参謀委員会を傘下に置く一方、「解放区」での自治を担うべく暫定内閣を発足した。しかし、暫定内閣はシリア国内で有効に機能しないまま、有名無実と化した。またシリアの友グループ諸国もその支援策をめぐってしばしば主導権争いを繰り広げた。カタールやトルコがシリア国民連合内のシリア・ムスリム同胞団やその同盟者にてこ入れすると、サウジアラビアはこれに対抗するかたちでシリア民主主義者連合を名乗るリベラル派の懐柔を試み、そのことが執行部内の派閥抗争を助長した。

軍事バランスの変化をめぐっては、欧米諸国と、サウジアラビア、トルコ、カタールの間で明らかな温度差が見られた。この温度差とは、イスラーム過激派への支援の是非をめぐるものだ。欧米諸国は、米国がシャームの民のヌスラ戦線を外国テロ組織（ＦＴＯ）に指定していることからも明らかな通り、イスラーム過激派の台頭に警戒した。しかし、イスラーム過激派が主導する「反体制派」を後押しすることなしに、シリア国内の戦況に影響を及ぼすことはできないことは誰の目からも明らかだった。

「穏健な反体制派」への支援という口実

こうしたなかで、「反体制派」への全面支援を猶予しつつ、彼らへの支援を継続するために欧米諸国が用いるようになったのが「穏健な反体制派」という奇妙な表現だった。

「穏健な反体制派」は、本来であれば、平和的、非暴力的な手段で体制に対峙する勢力を指すはずである。米国や西欧諸国は当初、こうしたニュアンスに沿って、シリア国民連合を「穏健な反体制派」と呼んだ。だが、その後次第にイスラーム過激派以外の武装集団、すなわち自由シリア軍を自称する「反体制派」をこの言葉で表すようになった。むろん、武装闘争という手段を駆使し、イスラーム過激派と共闘する彼らが「穏健」でなかったことは言うまでもない。「穏健」な方法をとる組織としては、政治プロセスを通じた政権退陣をめざす民主統一党(PYD)が有力だったが、欧米諸国は、イスラーム国やヌスラ戦線との戦いにおいてアサド政権と戦略的に共闘し、軍事的バランスの変化に資さないこの組織を「反体制派」とはみなさなかった。

一方、サウジアラビア、トルコ、カタールは、イスラーム過激派を積極支援した。ただ、これらの国も一枚岩ではなく、支援する組織も異なっていた。トルコとカタールは、ヌスラ戦線、シャーム自由人イスラーム運動といったアル＝カーイダの系譜を汲む組織、そしてシリア・ムスリム同胞団に近いシャーム軍団など、イスラーム過激派全般を支援した。また支援内容は、シリアへの外国人戦闘員潜入、負傷者の搬送・治療、資金、武器、兵站の支援など多岐に及び、その方法も、トルコの人道支援財団(IHH)やカタール・チャリティといったNGOを介したり、軍・諜報機関が直接関与したりと多様だった。なお、ヌスラ戦線を含むイスラーム過激派は、外国人を含む多くの人々を拉致《らち》したが、カタールとトルコの当局は、その解放交渉も仲介した。

これに対して、サウジアラビアは、アル＝カーイダの系譜を汲むイスラーム過激派への支援に躊躇する一方で、シリア・ムスリム同胞団の台頭を警戒して、主にイスラーム軍に対して資金、武器、兵站支援を行った。シリア内戦は二〇一二年半ば以降、暴力の応酬の度合いを強めていったが、その背景には、トルコ、カタール、サウジアラビアの直接、間接の支援があった。

しかし、シリアの友グループの「反体制派」支援は、アサド政権を退陣に追い込むような軍事バランスの変化をもたらさなかった。それはアサド政権が堅固な支持基盤を持っていたからではない。シリアの友グループの執拗な干渉へのリアクションとして、アサド政権を後援する諸外国、とりわけロシア、イラン、そしてレバノンのヒズブッラーの支援が強まったからだった。むろん、こうした支援にもかかわらず、アサド政権の支配地域は縮小したままだった。だが、それはシリアの友グループの経済制裁を受け、「戦時経済」体制を敷くアサド政権による戦略的撤退の結果でもあった。アサド政権は、辺境地域、そしてそこで暮らす人々を見捨てることで、首都ダマスカス、アレッポ市西部、ラタキア市、ヒムス市、ハマー市など、シリアの政治、経済、そして文化の中心をなす地域を死守しようとしたのである。

アサド政権のしぶとさを前に、シリアの友グループは「反体制派」支援策の練り直しを求められた。これを促す契機となったのが、二〇一三年八月の化学兵器使用疑惑事件だった。事件を経て採択された国連安保理決議第二一一八号は、アサド政権に化学兵器を廃棄させることを骨子としたが、それと合わせて、米国とロシアのイニシアチブのもと、二〇一二年六月のジュネーブ合意に基づき、紛争解決に向けた国際会議を開催することを求めた。

かくして、アサド政権を退陣に追い込むような軍事バランスの創出に失敗したシリアの友グループを主導する米国と、政権の残留を既成事実化したいロシアは、介入の場を戦場ではなく和平協議に移し、それぞれの目的に沿った政治秩序を作り出そうとした。

「反体制派」の対立とロジャヴァの台頭

二〇一四年一月二二日、国連主催のもと、ジュネーブで二回目となる和平協議(ジュネーブ二会議)が開催された。シリアの友グループ諸国、ロシア、中国、イラク、レバノンなど四〇カ国、そして欧州連合(EU)、アラブ連盟が参加したこの会議は、アサド政権と「反体制派」が戦闘停止と政治移行プロセス開始に向けて直接協議を行う場として用意された。

だが、会議は開催前から難航した。その理由は、シリアの友グループが批判を続けるシリア軍の攻撃継続ではなく、「反体制派」内での主導権争いにあった。

もっとも鋭く対立したのはシリア国民連合と民主的変革諸勢力国民調整委員会だった。シリア国民連合は、政治的、軍事的手段を駆使した体制打倒をめざし、政権との協議そのものを拒否する旨を、内規で定めていた。そのため、協議は政権退陣を前提条件として行われるべきだとの立場をとった。また、ほかの「反体制派」に対しては、シリア国民連合の傘下に入って会議に出席すべきだと主張した。これに対して、民主的変革諸勢力国民調整委員会は、すべての「反体制派」が対等な立場で統一代表団を結成すべきだと反論した。

両組織の対立は、米国とロシアの介入により打開が試みられた。その結果、アサド政権との交渉を自ら禁じていたシリア国民連合が米国に参加を強いられる一方、民主的変革諸勢力国民調整委員会をはじめとするその他すべての「反体制派」を排除するという妥協がなされた。

シリア国民連合はこれにより「シリア国民の唯一の正統な代表」としての面目を保った。だが、会議参加を不服とする幹部（意思決定機関に相当する総合委員会メンバー）一二一人のうち半数を越える六六人が一時脱会するという危機的状況に見舞われた。シリア国民連合の落日は、アサド政権との直接交渉の場でも明らかだった。交渉は、ヌスラ戦線、イスラーム国といったイスラーム過激派に対する「テロとの戦い」を和平協議に優先させるべきと主張するアサド政権と、政権退陣を政治移行プロセスの前提条件とみなすシリア国民連合の主張がかみ合わずに、平行線をたどった。だが、ワリード・ムアッリム外務在外居住者大臣（兼副首相）、ブサイナ・シャアバーン大統領府政治報道補佐官、バッシャール・ジャアファリー国連シリア代表といったキャリア外交官らを配したアサド政権の代表団の毅然とした態度や熟練した手腕と、「ホテル革命家」の未熟さはあまりに対照的だった。

協議と並行して、シリア国内では国連の仲介のもと、アサド政権は、ヒムス市旧市街(二〇一一年半ば以降「反体制派」が掌握)で籠城《ろうじょう》を続けてきたヌスラ戦線、シャーム自由人イスラーム運動などの「反体制派」との停戦を実現、彼らを同地から排除することに成功した。だが、この停戦においてジュネーブ二会議に参加していたシリア国民連合の存在はなかった。ジュネーブ二会議は、アサド政権の政治的な優位を再確認させるもので、これ以降シリアの友グループがシリア国民連合を「シリア国民の唯一の正統な代表」と呼ぶことはなくなり、その周縁化は決定的となった。

一方、ジュネーブ二会議は、シリア国民連合以外の「反体制派」、なかでもPYDのシリア国内での台頭をもたらした。PYDは、アサド政権が「反体制派」との戦闘で衰弱し、支配地域を縮小させるなか、民兵組織の人民防衛隊(YPG)を動員し、ハサカ県およびアレッポ県のユーフラテス川東岸に拡がるジャズィーラ地方、アレッポ県北西部のアフリーン市一帯、そしてアレッポ市シャイフ・マクスード地区で勢力を拡大していた。PYDは、ハサカ市やカーミシュリー市といったハサカ県内の大都市の支配をめぐってアサド政権と衝突することもあった。

だが、彼らの主敵は、イスラーム国やヌスラ戦線といったイスラーム過激派で、その限りにおいてアサド政権と戦略的に連携した。

ＰＹＤは、ジュネーブ二会議開催前日にあたる一月二一日、政治移行プロセスをめざすジュネーブ二会議に当てつけるかのように、ジャズィーラ地方、アレッポ県東部のアイン・アラブ（クルド語名コバネ）市一帯、そしてアフリーン市一帯を領域とする西クルディスタン移行期民政局（ロジャヴァ）と称する移行期自治政府を樹立した。ロジャヴァの発足を受け、ＹＰＧは自治政府の武装部隊として発展を遂げる一方、アサーイシュと呼ばれる治安警察機関、さらには国会に相当する立法評議会、内閣に相当する執行評議会を設置し、支配を着実に固め、「国家内国家」としての存在感を増していった。

2　迷走する「穏健な反体制派」支援

ジュネーブ二会議で確認されたアサド政権の政治的優位、そしてそれを下支えしていた同政権のしぶとさは、「反体制派」支援と軍事バランスの変化をめざしてきたシリアの友グループの干渉政策そのものと、それを正当化する根拠の変更を再び迫った。そしてこの変更を促すきっかけとなったのがイスラーム国の台頭だった。

有志連合による空爆と解釈変更

イスラーム国、より厳密に言うとその前身であるイラク・シャーム・イスラーム国は、ヌスラ戦線と決裂した二〇一三年四月からシリア内戦の主要な当事者として活発に活動していた。米国は、二〇一四年五月に彼らをイラク・アル＝カーイダの「別名」として外国テロ組織（FTO）に追加登録し、国連も二〇一三年五月にアル＝カーイダ制裁委員会リストに彼らをイラク・アル＝カーイダの「別名」として追加登録した。だが、シリアの友グループ、とりわけ欧米諸国は、ヌスラ戦線、シャーム自由人イスラーム運動といったアル＝カーイダの系譜を汲む「反体制派」に対するのと同様、イラク・シャーム・イスラーム国の壊滅に向けて積極的に取り組むことはなく、アサド政権に対抗する彼らの活動を黙認した。

欧米諸国が、イラク・シャーム・イスラーム国への対処に本腰を入れるようになったのは、彼らがシリアからイラクへと勢力を拡大し、二〇一四年六月にモスル市を制圧し、カリフ制の樹立を宣言して、組織名をイスラーム国に改めて以降だった。欧米諸国への石油の主要な供給地の一つであるイラクをめぐる経済安全保障が脅かされるにいたり、米国はイスラーム国を

「国際社会最大の脅威」と位置づけ、同盟国・友好国約六〇ヵ国からなる有志連合を結成、八月にはイラク領内で、そして九月にはシリア領内で、イスラーム国殲滅を名目に空爆を開始した。

かくして米国はシリア内戦開始から三年半を経てようやくシリアでの軍事介入に踏み切った。その根拠となったのは、「人権」でも「大量破壊兵器拡散防止」でもなく、「テロとの戦い」という新たなパラダイムだった。しかし、シリア内戦において二度目となるパラダイム転換は、米国、そしてシリアの友グループの対シリア政策をこれまで以上に迷走させた。

その最たる例が「反体制派」というマジック・ワードの解釈変更だ。ジュネーブ二会議によるシリア国民連合の失墜以降、米国は、イスラーム過激派以外の武装集団を「穏健な反体制派」と呼ぶようになっていた。この「穏健な反体制派」に対して、米国は、イスラーム過激派との共闘の事実を承知しているかのように、その支援が明るみに出ることを避けようとした。だが、イスラーム国に対する「テロとの戦い」を開始すると、米国は、シリア国内での空爆作戦と連携して、アサド政権ではなく、イスラーム国と戦う武装集団を「穏健な反体制派」と呼び、彼らを積極支援するようになった。

注目すべきは、こうした再解釈に伴う米国の方針転換が、イスラーム国のイラクでの台頭直後に、時宜を得たとばかりに公言された点である。バラク・オバマ大統領は、イスラーム国がカリフ制樹立を宣言する三日前の六月二六日、カナダのテレビ局CBSのインタビューに応じ、「我々が若干の武器を供与するだけで、「反体制派」がアサドや高度な教練を受けたジハード主義のならず者を突如倒せると考えるというのは幻想だ」と主張した。

マッチポンプ

米国は、体制打倒を目的としない奇妙な「穏健な反体制派」への軍事教練や武器供与を本格化させた。ただし、このことは米国を含む欧米諸国がそれ以前に「反体制派」を軍事支援していなかったことを意味しない。

例えば、二〇一三年三月、米英仏の軍や諜報機関がヨルダン国内でシリア人戦闘員に対して軍事教練を行っていたことが明るみに出た。教練を受けた戦闘員は二〇〇人から三〇〇人にのぼり、ダラア県での「反体制派」の支配地域拡大に貢献したという。だが、欧米諸国はこうした支援を公式に認めることはなかった。

これに対して、有志連合によるシリア空爆開始後は、イスラーム国との「テロとの戦い」を担う地上部隊の育成が推し進められた。米国防総省は二〇一五年一月、三年間で「穏健な反体制派」一万五〇〇〇人をトルコなどの周辺国で教練すると発表して、五億米ドルの予算を確保し、米軍教官をトルコに派遣した。五月にトルコ国内で開始された教練プログラムはしかし、「穏健な反体制派」とイスラーム過激派が共闘する状況下で難航した。志願者の人選は遅々として進まず、しかも米軍のスクリーニングを通過した教練生の多くが、途中でリタイアし、逃亡した。さらに、シリア軍と戦闘しない旨誓約するよう米国に迫られ、教練を拒否した者もいた。教練プログラムを修了したシリア人の正確な数は公表されていないが、国防総省報道官が六月に述べたところによると、一〇〇〜二〇〇人に過ぎなかった。

それだけではなかった。教練後に部隊として編成された「穏健な反体制派」は、イスラーム国と対峙する以前に幾多の困難に直面した。彼らは第三〇歩兵師団を名のり、七月に一次隊がトルコからシリア領内に越境し、アレッポ県北西部の「解放区」に入った。だが、航空支援を行う有志連合が同地の「反体制派」拠点都市アアザーズ市近郊を空爆すると、「反体制派」を主導するヌスラ戦線がその報復として、第三〇歩兵師団を攻撃し、司令官らを拉致して、武器弾薬を奪った。また、九月下旬にシリア入りした二次隊も、入国直後に身の安全を確保するという理由で、ヌスラ戦線に武器弾薬を譲渡し、その後メンバーは逃亡した。こうした事態を前に、国防総省は一〇月、教練プログラムが「重大な欠陥」を有していたと認め、廃止を決定した。

その後、一一月、今度はヨルダンで教練を受けた「穏健な反体制派」が新シリア軍の名で編成され、シリア領内に派遣された。彼らは二〇一六年三月、シリア・イラク国境地帯のタンフ国境通過所一帯でイスラーム国と交戦し、同地を制圧した。新シリア軍は有志連合の航空支援だけでなく、英特殊部隊による地上での援護も受けた。しかし「穏健」だったはずの彼らは、それを主導するアサーラ・ワ・タンミヤ戦線を名乗る武装集団が、ヌスラ戦線やシャーム自由人イスラーム運動と統一司令部を結成するなどしてイスラーム過激派と共闘関係にあった。新シリア軍は、八月にこのアサーラ・ワ・タンミヤ戦線が支援国との「方針の違い」を理由に新シリア軍を離反したことで瓦解した。

一方、中央情報局(CIA)は、米国防総省や米軍とは別個にヨルダンやシリア国内での「穏健な反体制派」への軍事教練を極秘で敢行し、イドリブ県やアレッポ県で活動するハック旅団、第一三師団、山地の鷹旅団、イッザ連合、ヌールッディーン・ザンキー運動といった組織を支援した。しかし、巻末の表を見れば明らかな通り、これらの「穏健な反体制派」も、イスラーム過激派と共闘関係にあった。

「穏健な反体制派」支援は、「テロとの戦い」を根拠として自己正当化されていた。だが、米国が支援した勢力は、米国自身がＦＴＯとみなすヌスラ戦線を含むイスラーム過激派と表裏一体の関係をなしていた。米国の政策は「テロとの戦い」のためにテロ組織を支援するというマッチポンプだった。

３　トルコとサウジアラビアの結託

米国は「穏健な反体制派」への積極支援を行う傍《かたわ》ら、シリア国内で活動する別の勢力との連携強化も模索した。その勢力とは、アサド政権との戦略的共闘関係ゆえに「反体制派」とみなされてこなかったＰＹＤだった。しかし、ＰＹＤとの連携、より厳密に言うならロジャヴァの武装部隊であるＹＰＧへの支援を、公然かつ積極的に行うことは躊躇された。その理由はトルコにあった。

トルコにとっての「テロとの戦い」

トルコは、一九八〇年代と九〇年代を通じて、同国でのクルド人に対する差別・抑圧に抗い、武装闘争を通じて分離独立をめざしていたクルディスタン労働者党（ＰＫＫ）をテロ組織と位置づけ、その存在を国家安全保障上最大の脅威とみなした。トルコは、「アラブの春」がシリアに波及した当初から、PKK再活性化の追い風になることを警戒していたとされるが、この危機感は、PKKの姉妹政党であるPYDがシリア北部で勢力を増すことで現実のものとなっていた。すなわち、欧米諸国がイスラーム国の台頭をもって、「テロとの戦い」にパラダイム転換する以前から、トルコは、PKKという彼らにとってのテロの脅威に対処するために「テロとの戦い」を意識していたのだ。

欧米諸国は、トルコのこうした事情を十分理解し得ていたはずである。米国も一九九七年にPKKをFTOに指定しており、PYDとの連携は、アサド政権を利するだけでなく、トルコにとってはテロ支援に等しい行為だった。だが、こうした認識のすべてはイスラーム国に対する「テロとの戦い」というパラダイムのもとで度外視された。

二〇一四年九月半ば、イスラーム国がトルコ国境に面するアレッポ県アイン・アラブ市に侵攻すると、米国は空爆や武器・弾薬供与を通じてPYDを支援、徐々に接近していった。四カ月に及ぶ戦闘で同市は廃墟となったが、YPGは有志連合の後援もあり、二〇一五年一月にイスラーム国を掃討することに成功した。

この攻防戦で、トルコはイラク・クルディスタン地域からのペシュメルガ(クルド人武装部隊)

の領内通過を認め、有志連合に一定の協力を行った。だが、有志連合とともに戦闘に参加することは拒否した。それだけでなく、領内への戦闘の波及を阻止するために国境地帯に配備されたトルコ軍部隊が、トルコ領内からのイスラーム国の越境攻撃や戦闘員の往来を黙認したといった報道が相次いだ。こうした両義的な姿勢の背後には、ＰＹＤが支配地域を拡大することで、対シリア国境地域全体にＰＫＫとの「テロとの戦い」の戦線が拡がることへの懸念があった。トルコはＰＫＫとの「テロとの戦い」をイスラーム国との「テロとの戦い」に優先させることで、イスラーム国というテロ組織をＰＫＫというもう一つのテロ組織の対テロ防波堤にしようとしたのだ。

トルコと米国は二〇一五年夏、事態に対処するために、「テロとの戦い」の名のもと、シリア領内のトルコ国境地帯に「安全地帯」を設定することで合意した。だが、両者の間には隔たりがあった。「安全地帯」はアレッポ県北部、具体的にはアアザーズ市とジャラーブルス市の間の東西約一〇〇キロ、トルコ国境とバーブ市の間の南北約四〇キロの区域で設定された。米国はトルコ南東部のインジルリク航空基地を拠点にこの区域への空爆を実施することでイスラーム国を排除し、「穏健な反体制派」の支配地域を確立することを企図した。

だが、トルコが排除しようとしたテロ組織はイスラーム国ではなかった。トルコにとって重要なのは、ユーフラテス川東岸に拡がる地域と、アレッポ県北西部のアフリーン市一帯に分かれているロジャヴァの支配地域を隔てる回廊として「安全地帯」が機能することだった。

こうした認識の違いが、米国にとって望ましくない結果をもたらした。「安全地帯」には、それまでさまざまな「反体制派」が混在していたが、最有力だったヌスラ戦線が、米国との共闘を嫌い、同地から戦略的に撤退、スルターン・ムラード師団、シャーム戦線などの在地の「穏健な反体制派」がこれにとって代わった。しかし残された「穏健な反体制派」には、「安全地帯」に対して排他的な支配を確立する力などなかった。「安全地帯」はかくして、米国、トルコそして「穏健な反体制派」にとっての「安住の地」ではなく、イスラーム国の餌食《えじき》となった。

結託の賜——ファトフ軍

米国のパラダイム転換に疎外感を感じたのはトルコだけではなかった。イスラーム軍に代表されるイスラーム過激派を支援し続けてきたサウジアラビアも、イスラーム国に対する有志連合の「テロとの戦い」を前に対応を迫られ、二〇一五年に入ると、にわかにトルコに接近していった。

二〇一五年一月のアブドゥッラー・ビン・アブドゥルアズィーズ国王の逝去を受けて即位したサウジアラビアのサルマーン・ビン・アブドゥルアズィーズ国王は三月、首都リヤドでトルコのレジェップ・タイイップ・エルドアン大統領と会談し、トルコ、そしてカタールに歩み寄るかたちで、それまで躊躇していたヌスラ戦線、シャーム自由人イスラーム運動など、アル＝カーイダの系譜を汲むイスラーム過激派全般への支援で連携を強化することに合意した。

これを受け、各地で「反体制派」の再編が進んだ。そのなかでもっとも大きな戦果を生み出したのが、三月に結成されたファトフ軍だった。サウジアラビア人説教師のアブドゥッラー・ムハイスィニーを実質的な指導者とするファトフ軍は、巻末の表に示した通り、アル＝カーイダの系譜を汲むヌスラ戦線、シャーム自由人イスラーム運動、ジュンド・アクサー機構と、トルコマン・イスラーム党、シャーム軍団、スンナ軍、ハック旅団、アジュナード・シャーム・イスラーム連合といったイスラーム過激派からなる連合組織で、トルコを経由して常に補填されるその兵力と戦闘能力は、シリア領内に部隊を分散させ、各地の町や村を数千人の将兵で防衛をしてきたシリア軍や人民防衛諸組織には抑えることはできなかった。ファトフ軍は結成から一カ月も経ずしてイドリブ県のほぼ全域を制圧、また各地で戦闘を続けてきたそのほかのイスラーム過激派や「穏健な反体制派」とも連携し、ラタキア県北東部、ハマー県北部、アレッポ県西部に勢力を伸張した。またシリア南部では、南部戦線が、ヌスラ戦線、シャーム自由人イスラーム運動と共闘し、ヨルダン国境に位置するダラア県ナスィーブ国境通過所、国連教育科学文化機関（UNESCO）世界文化遺産を擁するブスラー・シャーム市一帯を掌握した。「反体制派」の勢力拡大を前にシリア軍は再び劣勢を強いられ、その消耗は目に見えて明らかになった。しかも、これに乗じるかたちで、イスラーム国が五月、ヒムス県東部に進攻し、シリア軍を放逐した。そして、UNESCO世界文化遺産のパルミラ遺跡群で知られるタドムル市、シリア・カトリックの聖エリアン修道院を擁するカルヤタイン市を次々と手中に収め、これらの遺構を破壊していった。

アル＝カーイダの系譜を汲むイスラーム過激派をトルコとともに後援してきたカタールも、ファトフ軍に代表される「反体制派」の一大攻勢を側面支援した。シリア内戦でアサド退陣を求める急先鋒だったカタールは、その過激な政策ゆえに、二〇一三年六月の訪米直後にハマド・ビン・ハリーファ首長とハマド・ビン・ジャースィム首相が「勇退」を余儀なくされて以降、シリアの友グループのなかでは比較的目立たない存在となっていた。だが、イスラーム過激派への支援を躊躇し続ける欧米諸国に配慮するかのように、イスラーム過激派に「脱アル＝カーイダ化」に向けた説得工作を本格化させた。

その結果、シャーム自由人イスラーム運動がアル＝カーイダとの関係をことさら否定するようになり、またその幹部が欧米のメディアに寄稿し、「シリア革命」をめざす「フリーダム・ファイター」を自称し、イスラーム過激派というイメージを払拭しようとした。これに対し、ヌスラ戦線はアル＝カーイダとの絶縁が求心力低下につながると懸念し、カタールの求めには応じなかった。

「三つ巴の戦い」の幻想

一方、ファトフ軍の台頭に代表される「反体制派」の勢力拡大は、彼らとイスラーム国との関係にも若干の変化をもたらした。イスラーム国とヌスラ戦線が決裂した当初、イスラーム国と「反体制派」は各地で衝突を繰り返してきた。

こうした敵対関係は一部の地域では維持された。例えば、米国とトルコが「安全地帯」を設置することで合意したアレッポ県北部では、ハワール・キッリス作戦司令室を名乗る「穏健な反体制派」がイスラーム国と戦う一方、ダマスカス郊外県のレバノン国境地帯、ダマスカス県ヤルムーク区(パレスチナ難民キャンプ)、ダラア県南部のヤルムーク川流域一帯では、イスラーム国や、彼らに忠誠を誓うハーリド・ブン・ワリード軍(巻末の表を参照)が、イスラーム過激派を含む「反体制派」と抗争を続けた。しかし、「反体制派」とイスラーム国は、衰弱が顕著となったシリア軍に二正面作戦を強いるかたちで攻撃を集中させることで、直接対決を回避するようになっていった。

シリア内戦の対立構図は、アサド政権、「反体制派」、イスラーム国の三つ巴の戦いなどと評されることが多く、そこでは「反体制派」は、アサド政権という「独裁」に対する「民主化」闘争と、イスラーム国に対する「テロとの戦い」を同時に推し進めているとイメージされる。しかし、イスラーム過激派と「穏健な反体制派」が共生する「反体制派」のスペクトラのなかで、三つ巴の一角をなす実体としての「反体制派」など存在しない。また仮にそうした実体が存在すると主張したとしても、二〇一五年三月以降のシリア軍の衰退という事態のなか、「反体制派」とイスラーム国の対立は周縁化し、両者はむしろアサド政権を挟撃するかたちで活動を展開するようになっていった。

第6章

真の「ゲーム・チェンジャー」

二〇一五年九月三〇日、四年半を経たシリア内戦の趨勢に大きな影響を及ぼす動きが起こった。ロシアによるシリア領内での空爆開始である。ロシアはシリア内戦当初からバッシャール・アサド政権を擁護し、外交面、経済面、軍事面で積極支援を行ってきた。二〇一四年九月に、米国主導の有志連合が、イスラーム国壊滅を掲げてシリア領内での空爆を開始すると、ロシアはアサド政権の合意に基づかない「主権」侵害だと批判し、自身の直接介入には否定的な姿勢を示してきた。だが、今度はそのロシアが軍事介入に踏み切ることで、シリア内戦の真の「ゲーム・チェンジャー」となったのである。

1　シリアの友グループの「テロとの戦い」が孕む限界

ロシアの空爆は、シリア情勢をめぐる二つの変化を直接の契機としていた。第一の契機は、前章で見た、トルコ、サウジアラビアの「反体制派」への支援の連携強化によるアサド政権の疲弊である。

ロシアの空爆を促した二つの契機

二〇一三年以降、シリア軍は、人民防衛諸組織の動員や、レバノンのヒズブッラーやイラン革命防衛隊の後援、そしてイランやロシアの支援を受けて、「反体制派」に対する劣勢を打開しようとしていた。だが、二〇一五年三月のファトフ軍によるイドリブ県制圧に代表される「反体制派」の躍進と、これに呼応するかたちでのイスラーム国の増長により、従来の人的、物的な支援ではその衰弱を食い止められないことが明らかとなった。

事態に対処するため、六月末、ワリード・ムアッリム外務在外居住者大臣（兼副首相）がモスクワを訪問し、支援強化を申し入れ、これを受けてシリア・ロシア両国は、軍事・技術支援強化について具体的な協議を行うようになった。

第二の契機は、シリアなどから欧州連合（EU）諸国への移民・難民の流入である。二〇一五年九月二日、家族とともにゴムボートでトルコからギリシャに向かう途中に遭難し、トルコの海岸に打ち上げられたシリア人幼児の画像が拡散されると、欧米諸国では、シリアなどからの移民・難民、そしてその原因であるシリア内戦への関心がにわかに高まりを見せた。

シリアからEU諸国への移民・難民の流入は二〇一三年半ばには常態化しており、地中海で難民数百人を乗せた船がイタリア沖で沈没する事件がメディアでも取り上げられるようになっていた。また、難民のなかには、北アフリカ諸国、アフガニスタン、イラクの出身者も多く含まれていた。

だが、二〇一五年九月以降、移民・難民問題は、シリア(そしてイラク)でのイスラーム国に対する「テロとの戦い」というパラダイムのなかで、欧米諸国にとってより肉薄した脅威と認識されるようになった。イスラーム国が全世界から参集した戦闘員によって構成されていたという事実は、そのテロが移民・難民の波に紛れて全世界に波及するのでは、との恐怖をかき立てた。

テロの脅威になす術のない欧米諸国

有志連合によるシリア空爆は、イラクの場合とは異なり、ほとんどが米国単独によるもので、西欧諸国は参加していなかった。だが、二〇一五年八月になると、英国がまずシリア領内で空爆を行ったと発表し、また九月にはフランスとオーストラリアがラッカ県にあるイスラーム国の教練キャンプなどへの空爆に踏み切り、テロ波及に対処する姿勢を顕示した。

同時に、英国、フランス、米国、カナダといった国々は、「人権」尊重の姿勢を誇示するかのように、移民・難民の受け入れを表明、ＥＵも加盟国の経済規模や人口に応じて難民一六万人を受け入れることを決定した。しかし、こうした意思表示は、ＥＵ領内だけで四〇万人のシリア人が難民として流入していたという現状を踏まえた場合、焼け石に水で、政治的パフォーマンスの域を脱しなかった。

欧米諸国が移民・難民問題をめぐって、限定的な措置しか講じなかった主因は「テロとの戦い」というパラダイムそのもののなかにあった。

一一月一三日、フランスの首都パリで死者一三〇人、負傷者三〇〇人以上を出した同時多発テロ事件が発生した。シリアに密入国し、戦闘員としてイスラーム国に参加していたとされるベルギー人らの犯行による事件に対して、欧米諸国は過剰に反応し、イスラーム国の脅威への警戒を強めた。

続いて、一二月二日には、米国カリフォルニア州サンバーナーディノの福祉施設で銃乱射事件が発生、バラク・オバマ米政権は容疑者がイスラーム国に忠誠を誓っていた可能性が高いとして「テロ」と位置づけた。さらに同月五日、今度は英国の首都ロンドンの地下鉄駅で刺傷事件が発生すると、当局は、容疑者が犯行に際して「シリアのためだ」などと叫んでいたとして、単なる暴行事件を「テロ」とみなした。

一連の犯罪が、「テロ」と位置づけられるなか、欧米諸国の政府は、シリア人の「人権」ではなく、自国の治安を守るとして、移民・難民の受け入れを規制していった。移民・難民流入の経路であるハンガリー、オーストリア、マケドニアは一〇月に入ると、国境を封鎖し、受け入れに前向きな姿勢を示していた国も次第に態度を硬化させた。二〇一六年三月には、EUとトルコの間で、EU領内に流入する移民・難民をトルコに強制送還することを定めた協定が締結された。

欧米諸国は、移民・難民の流入とテロ拡散という二重の問題に直面するなかで、「人権」ではなく「テロとの戦い」に軸足を置くようになった。だが、このことは、これらの国がイスラーム国との戦いに真摯に取り組んだことを意味しなかった。

英国、フランス、ドイツ、オーストラリアは、米国とともにシリア領内での空爆に参加するようになり、「テロとの戦い」への決意を示そうとした。二〇一五年九月末にシリアで空爆を開始すると発表して以降、三度しか実際に空爆を行っていなかったフランスは、フランソワ・オランド大統領がパリ同時多発テロ事件を「戦争」と断じ、一一月半ばにデイルアッズール県、ラッカ県に対する空爆を頻発化させた。またドイツも一二月、フランスの空爆支援に踏み切った。にもかかわらず、有志連合の空爆回数はそれ以前と同じく限定的で、二〇一六年になると、これらの国による空爆は再び影を潜めた。

総じて、欧米諸国は、移民・難民問題への対応だけでなく、イスラーム国との「テロとの戦い」においても実効的な取り組みを行っていなかった。にもかかわらず、自らが晒されるようになった脅威に対処せねばならず、この矛盾を取り繕うための「助け船」が必要だった。この役割を担ったのは、二〇一三年夏の化学兵器使用疑惑事件の時と同じく、ロシアだった。

2　ロシアの空爆

二〇一五年八月、ロシアは、欧州での変化を先取りするかのように、シリアへの軍事支援を本格化させ、ラタキア県のフマイミーム航空基地の増設工事に着手し、戦闘機多数を配備した。また、イラン、イラクとの軍事的連携を強化し、シリア領内での作戦実行に備えた。そして九月三〇日、アサド政権の要請を受けるかたちで、駐留ロシア軍が空爆を開始した。

欧米諸国による虚しい空爆批判

ロシアの空爆は、それまで米国主導の有志連合が行ってきた限定的空爆に比べて桁違いの規模だった。ロシア国防省の発表によると、戦闘機の出撃回数は一日三〇回から六〇回に達し、その範囲もシリア全土におよんだ。また、イスラーム国だけでなく、シャームの民のヌスラ戦線、そしてその他のイスラーム過激派や「穏健な反体制派」を含むすべての「反体制派」が標的となった。これに対して、有志連合のシリア領内での空爆回数は、一日五回程度で、対象地域もデイルアッズール県、ハサカ県、ヒムス県、アレッポ県北部に限られた。

攻撃は、パリ同時多発テロ事件によって欧米諸国でテロへの警戒心が高まるなかで激しさを増した。ロシアのヴラジーミル・プーチン大統領はパリ同時多発テロ事件から四日後の一一月一七日、エジプトのシナイ半島上空で一〇月三一日に起きていたロシア旅客機墜落事件の実行犯もイスラーム国だと断じ、自らを「テロの被害者」に位置づけて、空爆を激化させた。

同日、ロシア国内を発進した長距離爆撃機が、イラン、イラク上空を通過してシリア領空に飛来し空爆を実施、またカスピ海に展開するロシア海軍潜水艦が巡航ミサイルを発射、イスラーム国と「反体制派」の拠点に対して一二七回の攻撃を行った。ロシア軍が巡航ミサイルを使用するのは史上初めてだった。さらに、その三日後の一一月二〇日には、長距離爆撃機、巡航ミサイル、戦闘爆撃機を投入し最大規模の空爆作戦を実施、二四時間で行われた五二二回もの攻撃で八二六の標的を破壊した。

一方、ロシアの空爆開始と合わせて、イランもアサド政権への軍事支援を強化して、イラン革命防衛隊、イラク人やアフガン人（ハザラ人）の民兵を増派し、レバノンのヒズブッラーもこれに同調した。また、二〇一六年四月には、イラン陸軍第六五旅団に所属する特殊部隊が、アレッポ市南部郊外でのファトフ軍との戦闘に投入された。イランが国外に正規軍を派兵するのは、一九七九年のイラン・イスラーム革命後初めてのことだった。

イランはロシアとの連携も強化した。八月にはイラン西部のハマダーン航空基地の利用を認め、同地からロシア軍の長距離爆撃機が出撃、シリア領内での空爆を実施した。この基地利用はイラン国内の反発を受けて、ほどなく中止された。だが、イランが外国軍の駐留を認めたのもまた、イラン・イスラーム革命後初めてで、イランのアサド政権支援の意志が感じられた。

欧米諸国の政府、メディア、そして「反体制派」は、ロシアの空爆の八割がイスラーム国ではなく、「反体制派」や民間人を標的にしていると非難した。また、攻撃によって「反体制派」が弱体化すれば、アサド政権の「独裁」とイスラーム国のテロの双方を増長させ、さらなる混乱を招くと主張した。

事実、ロシア軍は、欧米諸国が「穏健な反体制派」とみなし、ＣＩＡの教練を受けてきたハック旅団、第一三師団、山地の鷹旅団、イッザ連合の拠点を破壊した。だが、欧米諸国のロシア批判は、有志連合の過去の空爆実績や「反体制派」のスペクトラを踏まえると明らかに矛盾していた。

有志連合は、ロシアが空爆を開始する以前、そして開始後も、散発的ではあったがイドリブ県やアレッポ県にあるヌスラ戦線や「ホラサーン」なる（おそらく架空の）集団の拠点に対して空爆を行っていた。イスラーム国以外の「反体制派」を対象とする点では米国もロシアも同じで、イスラーム国に対するロシアの空爆の全体の二割に過ぎなかったとしても、その規模は有志連合よりも大きかった。

加えて、ロシアの空爆は、国際法上正統性を有するアサド政権の要請に基づいていた。米国をはじめとするシリアの友グループは、アサド政権の正統性を一方的に否定しており、その限りにおいてロシア側の主張には根拠がない、と反論することもできた。しかし、有志連合には、欧米諸国が「シリア国民唯一の正統な代表」と認定してきたシリア国民連合を含むいかなるシリアの当事者も正式参加しておらず、その空爆はシリアの誰からも承認を得ていない主権侵害、侵略行為だった。

ロシアの空爆に「寄生」する欧米諸国

欧米諸国の二重基準は、ロシアの空爆に対する批判にとどまらなかった。前述の通り、欧米諸国は、移民・難民問題や自国へのテロ波及の危険に対処するとして、イスラーム国に対する「テロとの戦い」への関与を強める姿勢を誇示するようになっていた。だが、有志連合全体の空爆規模に変化がなかったことからも明らかな通り、欧米諸国の「テロとの戦い」は実効性を欠いていた。欧米諸国には、自らの政治的パフォーマンスに見合う成果が必要で、そのためにはロシアの空爆に「寄生」するしかなかった。

有志連合を主導する米国は、ロシア軍との偶発的な衝突や事故を回避するとの名目で、一一月半ばにシリア領内での空爆に関する連絡態勢の構築をロシアと合意した。また、パリ同時多発テロ事件を契機にシリア空爆を強化する姿勢を固持したフランスも、ロシアと同様の合意を交わした。欧米諸国は、こうした関係を通じてシリア領内でのロシア空軍の活動に事実上のフリーハンドを与え、見返りとしてロシアの戦果を自身の「テロとの戦い」の成果として位置づけようとした。

なお、ロシアは、これとは別に、イスラエルともホットラインを開設し、両国空軍の衝突回避に務めた。イスラエルは、ゴラン高原一帯で活動するヌスラ戦線などの「反体制派」に武器兵站支援を行うとともに、負傷者らの収容・治療に陰に陽に協力した。その一方で、シリア軍やレバノンのヒズブッラーによる国境地帯での攻勢を抑止しようとするかのように、頻繁に越境空爆・砲撃を行った。だが、ロシアとイスラエルはシリア領空で「棲み分け」を行い、各々の敵に対する攻撃を黙認し合った。

ロシア軍の空爆の受益者となったのは、言うまでもなくアサド政権だった。二〇一五年三月以降、衰弱が顕著となっていたシリア軍は、ロシア軍の航空支援により息を吹き返し、同年一〇月にはファトフ軍などの「反体制派」に奪われていたラタキア県の対トルコ国境地帯、アレッポ県南部、ダマスカス郊外県を部分的に奪還した。また一一月にはイスラーム国によって二年余りにわたり包囲されていたアレッポ県東部のクワイリース航空基地の解囲に成功、同地一帯からイスラーム国を放逐し、さらに二〇一六年三月末には、ヒムス県のタドムル市を、四月にはカルヤタイン市をイスラーム国から奪還していった。

さらに米国主導の有志連合も、ロシア軍やシリア軍と連携するかのような動きをとることが増え、三軍がほぼ同時に同一地域を空爆する事例も散見されるようになった。こうした状況に関して、アサド大統領は二〇一五年一一月、「米軍との間には何らの協力関係もない。一度たりともコミュニケーション、連絡をとってはいない」と述べる一方、米政府もアサド政権との関係を否定した。だが、米国、ロシア、そしてアサド政権は「テロとの戦い」をめぐって徐々に歩み寄りを見せていった。

ロジャヴァを軸とする奇妙な呉越同舟

ロシア軍の空爆の受益者となったのはアサド政権だけではなかった。西クルディスタン移行期民政局（ロジャヴァ）を主導する民主統一党（ＰＹＤ）もまた、事態の変化を好機と捉えて勢力を拡大した。だが、それは、米国との協力関係を強化することで推し進められた。

第五章で述べた通り、米国は、有志連合を主導してシリアでの空爆を開始して以降、イスラーム国との「テロとの戦い」を担う地上部隊を育成するとして、トルコ領内での軍事教練を通じて「穏健な反体制派」を育成しようとした。この試みは、二〇一五年一〇月に「重大な欠陥」を理由に中止され、米国はこれに代わる「反体制派」支援策を模索していた。そこで、米国が白羽の矢を立てたのが、二〇一四年後半のアイン・アラブ市でのイスラーム国との攻防戦以降、軍事支援を行うようになっていたロジャヴァの人民防衛隊（ＹＰＧ）だった。

米国は、二〇一五年一〇月中旬、アラブ部族の武装組織からなるというシリア・アラブ同盟なる実体のない組織に弾薬五〇トンを提供し、本格支援を開始すると発表した。そして同じ日にＹＰＧはこのシリア・アラブ同盟とともにシリア民主軍という新たな連合軍事組織を結成した。

シリア民主軍には、ＹＰＧ、シリア・アラブ同盟のほか、ユーフラテスの火山作戦司令室、サナーディード軍、革命家軍など、ハサカ県、アレッポ県北西部で活動する「穏健な反体制派」が参加した。だが三万五〇〇〇人と推計される兵力のうちの二万五〇〇〇人がＹＰＧによって占められており、それ以外の組織は「非クルド的」な様相を与えるための「脇役」に過ぎなかった。米国は、この「脇役」に支援するという体裁をとることで、ＰＹＤをクルディスタン労働者党（ＰＫＫ）と同類のテロ組織とみなすトルコに配慮し、シリア国内に橋頭堡《きょうとうほ》を築こうとしたのである。

米国は二〇一六年になると、ハサカ県の油田地帯に位置するルマイラーン市郊外の農業用軍事飛行場を改修し、軍顧問を常駐させるとともに、特殊部隊を派遣し、シリア民主軍の支援にあたらせるようになり、この動きにドイツなどの西欧諸国も同調した。

二〇一五年一二月、シリア民主軍は有志連合の航空支援を受け、ユーフラテス河畔のティシュリーン・ダムをイスラーム国との戦闘の末に制圧し、同川以西に初めて進入した。また二〇一六年二月には、イスラーム国のハサカ県における最大拠点シャッダーディー市の掌握に成功した。

米国の動きと競うかのように、ロシアとイランもPYDとの関係を強化し、アレッポ県アフリーン市一帯でYPGの戦闘を支援した。二〇一五年一二月半ば、この両国の後押しのもと、ロジャヴァに参加するPYDや欧州で活動する一部の「反体制派」がハサカ県のマーリキーヤ市で総会を開き、シリア民主軍の政治部門となるシリア民主評議会を設立した。またロシアは二〇一六年二月初め、ロジャヴァがモスクワに代表部を設置することを認めた。

かくして、ここにシリア内戦で対立し合っていた当事者であるロシア、米国、イラン、そしてアサド政権とPYDの奇妙な呉越同舟が生じ、シリア軍とシリア民主軍は戦況を有利に進めていった。二〇一六年二月初め、シリア軍は、「反体制派」が三年以上にわたって包囲を続けてきたアレッポ市北西部のヌッブル市、ザフラー町(いずれもシーア派が居住)を解囲する一方、シリア民主軍もアレッポ県アフリーン市一帯の支配地域からアサド政権支配地域に向けて進軍し、「反体制派」を放逐した。これによって、「反体制派」はアレッポ市東部の支配地域と、アレッポ県北西部の拠点都市アアザーズ市、さらにはトルコ領(キリス市、ガジアンテップ市)を結ぶ主要兵站路を失うという損害を被った。

ロシア、米国、イラン、アサド政権、PYDの呉越同舟は、「反体制派」を支援する国、とくにトルコを阻害した。なぜなら、シリア民主軍によるユーフラテス川以西での活動や、シリア軍とシリア民主軍によるアレッポ県北西部での連携は、トルコと米国の合意に基づく「安全地帯」設置の試みを無に帰しかねなかったからだ。同地帯は本来であれば、有志連合が制空権を確保し、シリア軍の空爆やPYDの勢力拡大を抑止し、トルコ領内のシリア人難民を押し戻す場となるはずだった。しかし、実際には、ロシアがトルコ国境地帯の制空権を掌握し、その航空支援を受けるシリア軍とシリア民主軍が勢力を伸長した。

　こうした事態へのトルコのフラストレーションが表れたのが、二〇一五年一一月のトルコ軍戦闘機による国境地帯でのロシア軍戦闘機撃墜事件だった。NATO加盟国がロシア軍戦闘機を撃墜するという前代未聞の事件は、トルコとロシアの関係を一気に悪化させた。トルコは、ロシア軍戦闘機がトルコ領空を再三にわたって侵犯しており、ロシアに非があると非難した。対するロシアはこれを否定し、トルコがヌスラ戦線などのイスラーム過激派を物資面で全面支援していると反論するだけでなく、トルコとイスラーム国が協力関係にあると主張し、石油を密輸するイスラーム国のタンクローリーとされる車輛多数がトルコ国境地帯を往来する映像を公開した。

　両国の対立は、イスラーム国に対する包囲網を強めつつあった有志連合とロシアの関係にも悪影響を及ぼすのではと懸念された。しかし、欧米諸国は、同盟国であるトルコに冷ややかな対応をとり、ことを荒立てようとはしなかった。駐イラク米軍のスティーブ・ウォーレン有志連合報道官は、事件に関して「ロシアとトルコの問題で、有志連合や米軍には関係ない」と突き放した。トルコの抵抗はロシアの動きを制するには至らず、シリア軍、シリア民主軍の攻勢によって、トルコ、サウジアラビアが支援してきた「反体制派」の優位は失われた。

3　実現不可能な停戦合意――ジュネーブ三会議

ロシアの空爆がシリア国内の軍事バランスと当事者間の関係の双方に大きな変化をもたらした結果、二〇一四年に中断したジュネーブ二会議を再開させようとする機運が国際社会において高まった。二〇一五年一〇月下旬、「反体制派」を支援してきた米国、サウジアラビア、トルコ、フランス、カタール、英国と、アサド政権を後援してきたロシア、イラン、中国など一七カ国の外務大臣がオーストリアの首都ウィーンで初めて一堂に会し、対立の場を和平協議へと移した。国際シリア支援グループ（ＩＳＳＧ）と呼ばれることになるこれらの国々は、自国の軍事的・政治的劣位の打開、あるいは優位の維持・強化をめざし折衝を行っていったのである。

ＩＳＳＧの合意

ＩＳＳＧは三度目となる一一月半ばの会合で紛争解決案に合意した。この案は、①紛争解決に向けた移行プロセスを停戦プロセスと同時並行で進める、②両プロセスからテロ組織を除外し、「テロとの戦い」を通じてその殲滅をめざす、という二点を基本原則とした。

具体的には、移行プロセスと停戦プロセスに関して、①ＩＳＳＧの支援のもと、二〇一六年一月にアサド政権と「反体制派」による和平協議を開始する、②協議開始後六カ月を目処に全土停戦し、「包括的で非宗派的」な移行期統治機関（移行政府）を樹立する、③協議開始から一八カ月以内を目処に新憲法を制定、同憲法に従った自由で公正な選挙を実施し、紛争を終結させることが定められた。

一方、「テロとの戦い」に関しては、国連安保理のアル＝カーイダ制裁リストに記載されているイスラーム国、ヌスラ戦線、そして「国連安保理がすでに指定、またＩＳＳＧの合意に基づき安保理決議で指定されるアル＝カーイダやイスラーム国とつながりのあるその他すべての個人・組織」に対する攻撃・自衛活動が停戦違反に当たらないとして、有志連合、ロシア、アサド政権、ロジャヴァ、そして「穏健な反体制派」による戦闘継続を是認した。

ＩＳＳＧの協議において、アサド政権の処遇はもはや主要な争点ではなかった。シリアの友グループはこれまで通り、アサド大統領の退陣を要求し続けた。だが、移民・難民問題への対応に追われ、シリアでの「テロとの戦い」においてロシアへの依存を強めていた欧米諸国は、この問題に関してロシアやイランと「合意しないことを合意」し、政権の存続を事実上黙認した。またアサド政権の打倒をめざす「反体制派」をもっとも積極的に支援してきたサウジアラビア、トルコ、カタールもこの方針への追随を余儀なくされた。アサド大統領の退陣という要求はもはやロシアに対する劣勢を取り繕うための「方便」に過ぎず、シリアの友グループは政権残留を念頭に、介入を続ける方針に事実上軌道修正したのだ。

国連安保理決議第二二五四号採択

ウィーンでの合意は一二月一八日に国連安保理決議第二二五四号の採択をもって国際承認され、ＩＳＳＧの共同議長国であるロシアと米国は決議履行に向けた動きを本格化させた。両国は移行プロセスを開始するため、二〇一六年二月二七日、シリア国内で停戦合意を交わし、これを発効した。この合意は、シリア政府と「反体制派」の双方に停戦を受諾させたうえで、ロシアと米国がそれぞれ当事者和解調整センターを開設、停戦監視と停戦対象地域の拡大を推し進めることを骨子とした。これによって戦闘を停止したシリア政府と「反体制派」が移行プロセスに向けた和平協議に臨むはずだった。

しかし、「反体制派」のスペクトラが、和平協議にとって大きな障害となった。なぜなら、「反体制派」のなかのどの組織を停戦プロセスと政治移行プロセスに参加し得る「正当な反体制派」とみなし、どの組織を「テロとの戦い」の標的とするのかについてのＩＳＳＧ内での合意形成を妨げたからだ。とりわけイスラーム過激派とロジャヴァを主導するＰＹＤの処遇をめぐって、ＩＳＳＧ各国の間には深い溝があった。

イスラーム過激派は、それを支援してきたサウジアラビアやトルコが「正当な反体制派」とみなし、和平協議への参加を画策した。とりわけ、サウジアラビアは、安保理決議第二二五四号採択直前に、シリア国民連合、民主的変革諸勢力国民調整委員会、「穏健な反体制派」に加えて、シャーム自由人イスラーム運動、イスラーム軍を首都リヤドに招聘し、和平協議に参加する代表団の人選と派遣を目的とする最高交渉委員会を発足させた。しかし、アサド政権との交渉を拒否してきた組織を中心とするこの委員会が協議に前向きな姿勢を示さないことは誰の目からも明らかだった。

ＰＹＤは、ロシアが後押しする「モスクワ・リスト」と呼ばれる「反体制派」の一員として和平協議に参加しようとした。「モスクワ・リスト」とは、二〇一四年のジュネーブ二会議以降、アサド政権との協議再開に向けてロシアが接触を続けてきたPYD、民主的変革諸勢力国民調整委員会、そしてロシアやエジプトを拠点とする政治組織や活動家を指し、いずれも武力ではなく政治プロセスを通じたアサド政権の退陣をめざしていた。しかし、彼らが「反体制派」のなかで主導権を握ることは、サウジアラビアやトルコが支援してきたイスラーム過激派が周縁化されることを意味した。それゆえ、PYDをテロ組織とみなすトルコ、そして最高交渉委員会に和平協議の主導権を握らせたいサウジアラビアは「モスクワ・リスト」内の最有力組織であるPYDの参加に強く反対した。

ここで特筆すべきは、米国の立ち位置だ。米国は本来であれば、同盟国のサウジアラビアやトルコと共同歩調をとって然るべきだった。だが、YPG主導のシリア民主軍を支援する米国は、PYDの協議参加を拒否せず、イスラーム過激派の和平協議への参画に消極的な姿勢を示し、ロシアに同調した。

ジュネーブ三会議と称されたアサド政権と「反体制派」の和平協議は、二〇一六年二月に開幕した。しかし、ISSG内の足並みの乱れゆえに、当初予定されていた「反体制派」の統一代表団の結成は見送られ、最高交渉委員会、「モスクワ・リスト」、そしてシリア国内で活動する野党や無所属活動家らがそれぞれ代表団を派遣し、アサド政権側と間接折衝を行った。その一方で、ＰＹＤだけが参加を認められず、協議から排除された。損をしたのは米国だけだった。ＰＹＤはロシアやイランも後押ししていたが、両国はＰＹＤ以外の「モスクワ・リスト」、そして言うまでもなくアサド政権を会議に参加させることに成功し、またサウジアラビアやトルコも最高交渉委員会を通じて議事に影響力を行使できるようになったからだ。

ＰＹＤは二〇一六年三月、ジュネーブ三会議から排除されたことへの「見返り」を得るかのように、ロジャヴァやシリア民主評議会に参加する政治組織や活動家を主導して、ロジャヴァ北シリア民主連邦（その後北シリア民主連邦に改称）の樹立を宣言した。欧米諸国のメディアはこの動きを「自治政府樹立」などと大きく報じた。だが、ロジャヴァによって自治政府が発足していた現実を踏まえると、あくまでも形式的なもので、米国の影響力の低下を取り繕うものではなかった。

まとまりを欠き、ＩＳＳＧに翻弄された「反体制派」に対して、アサド政権は終始協議を有利に進めた。同政権は、二〇一二年のジュネーブ合意の原則を無視して、現行憲法のもとで挙国一致内閣を樹立し、移行プロセスを推し進めるべきだと主張し、強気の姿勢で臨んだ。これに対して、「反体制派」、とりわけ最高交渉委員会は、現政権の優位を保障する現行憲法を停止し、二〇一二年のジュネーブ合意に準じた超法規的な移行政府（移行期統治機関）が樹立されねばならないと反発した。

だが、両者の主張に対して、間接交渉を仲介した国連シリア問題担当特別代表のスタファン・デミストゥラが示した態度は明らかにアサド政権寄りだった。彼は四月半ば、①アサド大統領による軍事、治安、財務の三部門の副大統領の任命、②現政権、「反体制派」、無所属からなる政府の樹立、という二点を骨子とする妥協案を示したのである。

これに激怒した最高交渉委員会は、間接協議への参加中止を表明した。またシャーム自由人イスラーム運動は最高交渉委員会からの脱会を宣言し、国内での戦闘を再開、イスラーム軍もこれに同調した。かくして、シリア国内では再び、シリア軍と「反体制派」の戦闘が激化し、米国とロシアによる停戦合意は有名無実化していった。「反体制派」による和平協議からの撤退は、シリア軍とロシア軍の攻撃強化の格好の口実となった。

おわりに――シリア内戦の「終わりの始まり」とは

シリア内戦は、二〇一五年九月末に始まったロシアの空爆による政治・軍事バランスの変化を受け、「終わりの始まり」とでも言うべき状況を迎えることになった。しかし、それは「終わり」という言葉でイメージされる戦闘終結や和平実現、そして「自由」や「尊厳」の実現を意味しない。シリア内戦は「内戦」という呼称では収まりきらない事象が積み重なることで混迷の度合いを深めてきた。それゆえに、「終わりの始まり」も通俗的解釈や楽観論では捉えることはできない。

アル＝カーイダが経験した「もう一つのヴァージョン・アップ」

二〇一六年四月半ばのジュネーブ三会議決裂以降、時局を優位に進めたのは、言うまでもなくバッシャール・アサド政権だった。最高交渉委員会に名を連ねていたシャーム自由人イスラーム運動やイスラーム軍が、シャームの民のヌスラ戦線や「穏健な反体制派」とともに戦闘を再開すると、アサド政権は、ロシアとともにこれを停戦違反と非難し、軍事的圧力を強めていった。

アサド政権がめざしたのは、シリア最大の商業都市アレッポ市の完全制圧だった。アレッポ市は二〇一二年半ば以降、旧市街を含む東部を「反体制派」、西部をアサド政権、そして北西部のシャイフ・マクスード地区を西クルディスタン移行期民政局(ロジャヴァ)が割拠する状態が続いており、この地を征した者がシリア内戦の勝者になると考えられるようになっていた。シリア軍はこのアレッポ市への攻勢を強め、二〇一六年九月初めまでに同市東部を完全包囲し、「反体制派」を追い込んでいった。

アレッポ市東部での攻防戦は「反体制派」のスペクトラに質的な変化をもたらした。それまで、「反体制派」を構成する組織のうち、アル＝カーイダに忠誠を誓うヌスラ戦線と「穏健な反体制派」は必ずしも親和的ではなく、両者はアル＝カーイダと一線を画すイスラーム過激派、具体的にはシャーム自由人イスラーム運動を通じて間接連携してきた。だが、ジュネーブ三会議決裂以降、ヌスラ戦線と「穏健な反体制派」は公然と共闘するようになった。この動きは、ヌスラ戦線が七月末、カタールによるとされる長年の説得に応じて、アル＝カーイダとの関係解消を宣言し、組織名をシャーム・ファトフ戦線(別称シャーム征服戦線)に変更したことで一気に加速した。九月には、ファトフ軍に「穏健な反体制派」のヌールッディーン・ザンキー運動が合流し、一二月にはアレッポ・ファトフ軍とシャーム・ファトフ戦線が統合し、アレッポ軍となった。

シャーム・ファトフ戦線の誕生、そしてそれに先立つシャーム自由人イスラーム運動の脱アル＝カーイダ化はシリア内戦のなかでアル＝カーイダの系譜を汲むイスラーム過激派が経験した「もう一つのヴァージョン・アップ」だった。イスラーム国がアル＝カーイダと袂を分かち、その暴力性を極大化することで「アル＝カーイダよりも残忍」な一大勢力に「ヴァージョン・アップ」したのとは対象的に、シャーム・ファトフ戦線やシャーム自由人イスラーム運動は、暴力性ではなく穏健性を強調し、「自由」や「尊厳」を希求する「革命家」、「フリーダム・ファイター」として振る舞うことで、生き残りをかけたのである。

だが、この「ヴァージョン・アップ」は「反体制派」のスペクトラを混濁させただけだった。「反体制派」は、その後も離合集散を繰り返した。二〇一七年一月には、イドリブ県北部とアレッポ県西部でシャーム・ファトフ戦線の侵攻を受けたシャームの鷹旅団やムジャーヒディーン軍などをシャーム自由人イスラーム運動が吸収統合すると、シャーム・ファトフ戦線もこれに対抗して、ヌールッディーン・ザンキー運動やスンナ軍などとともにシャーム解放委員会という新組織を結成した。一方、イスラーム国との関係をとりざたされてきたジュンド・アクサー機構は、二〇一六年一〇月にシャーム自由人イスラーム運動との衝突の末にシャーム・ファトフ戦線に吸収統合された。だが、二〇一七年一月にその暴力性を理由にシャーム・ファトフ戦線を破門された彼らは、イドリブ県やハマー県でシャーム自由人イスラーム運動だけでなくシャーム解放委員会に対しても牙をむいていった。イスラーム過激派と「穏健な反体制派」は渾然一体と化し、その峻別は完全に意味をなさなくなった。

オバマ政権による最後の致命的過ち

「反体制派」は、シリア・ロシア両軍が、住民、とりわけ女性や子ども、さらには医療施設や学校に「無差別攻撃」を繰り返し、孤立地域への人道支援の搬入や逮捕者の釈放を拒否、「反体制派」の支配地域に「非人道的な飢餓《きが》作戦」をしかけていると非難した。ホワイト・ヘルメットや反体制系メディアは、空爆によって崩壊した瓦礫のなかから幼児らが救い出される画像や映像を頻繁に配信し、窮状を訴えた。

米国も、こうしたプロパガンダに同調してシリア・ロシア両軍を非難した。だが、バラク・オバマ政権は任期終了が近づくなか、対シリア政策の完全破綻を決定づける致命的な過ちを犯した。九月一二日にロシアとの間で交わした「テロとの戦い」と停戦に関する合意がそれだ。

この合意は、①イスラーム国、シャーム・ファトフ戦線などアル＝カーイダとつながりのあるテロ組織と、停戦の適用対象となる「穏健な反体制派」を米国が峻別する、②シリア軍と「穏健な反体制派」の停戦を七日間維持し、③その後、米国とロシアが対テロ合同軍事作戦を行う、④アレッポ市東部への人道支援搬入、住民の移動の安全を保障することを骨子とした。しかし、これにより、米国はテロ組織と「穏健な反体制派」を峻別するという「ミッション・インポシブル」をロシアに課せられてしまった。

シャーム・ファトフ戦線を停戦の適用対象から除外していたこの合意が、アレッポ・ファトフ軍に即座に拒否され、戦闘が継続されるなか、米国はシリア・ロシア両軍が人道支援を妨害しているために、停戦が実現しないと主張した。また、アレッポ市郊外のアウラム・クブラー村で一九日、シリア政府支配下のアレッポ市西部を発ったシリア赤新月社と国連の人道支援チームの車列や施設が攻撃を受けると、米国はロシアが「誤爆」したとの疑いをかけた。しかし、ロシアが人道支援物資の搬入を認めていなかったとしたら、アウラム・クブラー村にそもそも車列が存在するはずもなかった。米国の批判は明らかに矛盾しており、「ミッション・インポシブル」を履行できないことの言い訳にしか見えなかった。

米国とロシアの協調関係は最終的には九月一八日、有志連合がデイルアッズール市郊外でイスラーム国との戦闘を続けるシリア軍部隊を一時間にわたって「誤爆」し、一六〇人以上の兵士を殺害したことで完全に破綻した。この死者数は有志連合がシリア領内での空爆を開始して以降、最大の「戦果」だったが、アサド政権は二月の停戦合意が失効したと発表し、再び攻撃の手を強めていった。

トルコとロシアの結託による米国の排除

トルコもまた、任期終了が迫るオバマ政権への反抗を開始した。

背景には、シリア民主軍を主導するYPGへの米国の過度の庇護があった。有志連合の支援を受けたシリア民主軍は八月半ば、三カ月におよぶ戦闘の末にアレッポ県北部の戦略的要衝マンビジュ市をイスラーム国から奪取した。同市は、トルコが米国との同意のもとに指定した「安全地帯」のただ中に位置しており、その侵食は、トルコの「レッド・ライン」に抵触した。トルコは米国に再三にわたり、YPGをユーフラテス川以東の地域に撤退させるよう要請したが、米国はこれに応じようとせず、シリア民主軍の西進を支援し続けた。

これと前後して、トルコと米国の間では不協和音が目立つようになっていた。七月のトルコでの軍事クーデタ未遂事件以降、レジェップ・タイイップ・エルドアン政権が容疑者や反対勢力の大規模弾圧に踏み切ると、欧米諸国はその強権支配に批判的な姿勢を示すようになった。一方、トルコは、米国滞在中のフェトフッラー・ギュレンをクーデタ未遂の首謀者と断じ、身柄引き渡しを求めたが、オバマ政権に拒否され、反感を強めていった。

こうしたなか、トルコはロシアに接近した。アサド政権、「反体制派」をそれぞれ全面支援してきた両国の緊張は、二〇一五年一一月のロシア軍戦闘機撃墜事件で頂点に達していた。だが、エルドアン大統領は、シリア民主軍がマンビジュ市解放作戦を開始した直後の二〇一六年六月下旬、事件についてヴラジーミル・プーチン大統領に正式に謝罪し、関係改善をめざした。プーチン大統領も、クーデタ未遂事件に際して「民主的に選出された政府を力尽くで倒すことは許されない」とする声明を出し、エルドアン大統領支持を表明した。八月にロシアのサンクトペテルブルクで会談した両首脳は互いを「親友」と呼んで讃え合った。

八月下旬、トルコ領内で教練を受けた「反体制派」戦闘員約一二〇〇人が突如、トルコ軍地上部隊とともに、アレッポ県北東部の国境地帯のユーフラテス河畔に位置するジャラーブルス市に進攻し、同市を含む「安全地帯」各所を次々と制圧していった。

「ユーフラテスの盾」作戦と名づけられたトルコ版「テロとの戦い」は、それ以前であればロシアの厳しい非難を浴びていた。トルコ軍がシリアの「主権」を侵害して、その領土を蹂躙《じゅうりん》したことは言うまでもなく、自由シリア軍とされた「反体制派」(ハワール・キッリス作戦司令室)には、ロシアがテロ組織と断じてきた組織が含まれていたからだ。しかも、作戦は、二〇一五年末以降、「安全地帯」を支配下に置いていたイスラーム国だけでなく、ロシアの戦略的パートナーでもあったYPGの排除も目的としていた。

しかし、ロシア、そしてアサド政権は、トルコによる「安全地帯」の実質的な占領を黙認した。なぜなら、その見返りとして、トルコはより大きな譲歩を行ったからだ。

一一月一五日、ロシアは、地中海沖に展開させていた艦隊をシリア国内での「テロとの戦い」に参加させると発表し、ファトフ軍の拠点であるイドリブ県やアレッポ県西部、イスラーム国の拠点であるヒムス県への空爆を再び激化させ、シリア軍も、アレッポ市東部制圧に向けた作戦を開始した。こうした攻勢に対して、トルコもまた「反体制派」への戦闘員、武器・兵站、資金の増援を控えることで応え「反体制派」を見捨てた。

一カ月にわたる激しい戦闘の末、シリア軍はアレッポ市東部のほぼ全域を制圧、一二月一五日、アサド大統領はスマート・フォンで録画した映像を通じて勝利宣言を行った。

アレッポ市でのシリア軍の勝利を決定づけたのは軍事力ではなく、徹底抗戦の構えを見せていた「反体制派」(アレッポ軍)にファトフ軍支配下のイドリブ県への退去を認めさせたロシア、トルコ、そしてイランの仲介だった。アレッポ市東部では、約二五万人の「市民」がシリア・ロシア両軍の「無差別爆撃」に晒されながらも抵抗していると欧米メディアでは報じられてきた。だが、実際に同地を去った「反体制派」戦闘員とその家族は三万五〇〇〇人ほどだった。住民の多くは「反体制派」とは行動を共にせず、アサド政権の支配に服した。また、戦闘地域から退去していた国内避難民も、地雷・爆発物撤去が終わるや否や、瓦礫と化した街区へと帰宅し、生活再建を始めた。

米国は、ロシアとトルコの取引の蚊帳《かや》の外に置かれた。それは、オバマ政権の任期終了というタイミングに乗じてこの両国が米国を出し抜いた結果でもあった。ただ、ここで一点留意しておくべきは、シリア軍のアレッポ市への総攻撃の開始が、米大統領選挙を制したドナルド・トランプとプーチン大統領の初電話会談(一一月一四日)の翌日だったということだ。二〇一七年一月二〇日の就任演説で、「古い同盟を強化し、新しい同盟を作る」ことで「過激なイスラーム・テロに対抗し、地球上から完全に撲滅する」と表明したトランプ新大統領は、「テロとの戦い」におけるロシアとの協力関係強化の必要を訴える発言を繰り返してきた。ロシア、そしてトルコは、トランプ大統領のこうした意志表明を米国での新政権発足に先んじて既成事実化しようとしたのである。

ロシアとトルコはその後、アサド政権と「反体制派」を停戦させ、和平協議を開催することにも合意した。二〇一六年一二月三〇日にこの合意に従ってシリアで全土停戦が発効すると、国連は翌日、両国のイニシアチブを支持する安保理決議第二三三六号を全会一致で採択した。

ロシアとトルコの仲介による初の停戦合意は、文言においては、イスラーム国、シャーム・ファトフ戦線の前身であるヌスラ戦線を停戦対象から除外するとした同年二月の米国とロシアの停戦合意と大差はなかった。だが、その適用をめぐって、両国はより踏み込んだ二つの妥協を互いに行っていた。第一に、イスラーム国、シャーム・ファトフ戦線だけでなく、両組織(とりわけシャーム・ファトフ戦線)と共闘する「反体制派」へのシリア・ロシア両軍の攻撃を停戦違反とみなさないこと、第二に、ロジャヴァを停戦対象と和平協議から排除し、アレッポ県北部に対するトルコ軍の進駐を既成事実化すること、である。

停戦発効後、シリア軍は首都ダマスカスの主要な水源を擁するバラダー渓谷一帯を占拠するシャーム・ファトフ戦線、シャーム自由人イスラーム運動が主導する「反体制派」への攻撃を続けたが、トルコはロシアとともにこれが停戦違反にあたらないとの立場をとった。またシャーム・ファトフ戦線を停戦対象から除外したことに異議を唱える「反体制派」を閉口させ、和平協議に参加するよう強い圧力をかけたのもトルコだった。こうした圧力に抗い、徹底抗戦を主唱したのはシャーム自由人イスラーム運動とホワイト・ヘルメットぐらいだった。

一方、アレッポ県北部では、イスラーム国の拠点都市バーブ市をめぐってトルコ軍とイスラーム国が一進一退の攻防を続けていたが、二〇一六年一月に入ると、ロシア軍が同地でトルコ軍と合同空爆作戦を開始、シリア軍もバーブ市南方のダイル・ハーフィル市一帯で戦端を開き、イスラーム国に二正面作戦を強いた。トルコ軍とハワール・キッリス作戦司令室は二月末、バーブ市を完全制圧する一方、シリア軍も同市南東部の回廊地帯を制圧し、シリア民主軍が展開するマンビジュ市一帯に接するかたちで支配地域を伸張した。

こうしたなかでも、米国の奇行は続いた。オバマ政権は、シリア国内でのプレゼンスを誇示するかのように、イスラーム国の首都と位置づけられるラッカ市の包囲をめざすシリア民主軍への支援を続け、一月には過去最大規模の空爆を連日にわたってシリア領内で実施した。その結果、シリア民主軍はラッカ市の西約二〇キロの距離に位置する戦略的要衝タブカ市に迫った。その一方、米軍は、ロシアやトルコに同調するかのように、バーブ市一帯でのイスラーム国に対する空爆にも参加し、同地でシリア民主軍の排除をめざすトルコ軍に加勢するだけでなく、イドリブ県やアレッポ県内のシャーム・ファトフ戦線を攻撃、自らが支援してきたヌールッディーン・ザンキー運動などの「穏健な反体制派」の拠点も破壊していった。片方の手で支援相手を支えつつ、もう片方の手でそれを打つというそのありようは、オバマ政権のシリア政策の二重基準をまさに体現していた。

一方、「国際社会最大の脅威」と位置づけられたイスラーム国は、ロシア、トルコ、米国主導の有志連合、シリア軍、シリア民主軍の攻勢を前に後退を余儀なくされた。トルコが「安全地帯」に侵攻したことで、戦闘員、武器兵站、資金の流入ルートを完全に失ったイスラーム国の支配地域は、シリアだけでなく、イラクでも縮小した。だが、アサド政権と「反体制派」の戦いが延々と続くなか、イスラーム国に対する本格的な「テロとの戦い」は猶予され、そのことが彼らの延命につながった。アレッポ市での攻防戦が最終局面を迎えていた二〇一六年一二月上旬、イスラーム国が国連教育科学文化機関(UNESCO)世界文化遺産を擁するヒムス県東部のタドムル市一帯を再制圧(二〇一七年三月にシリア軍が再び奪還)したのは、こうした状況を利したものだった。

諸外国のシリアへの軍事介入は、イスラーム国の殲滅を目標に掲げていた。しかし、イスラーム国は結局は、シリアへの干渉を正当化するための口実に過ぎず、シリア内戦が自分たちの思い通りに決着しない限り、温存されるべき存在だった。しかも、シリア内戦が仮に終息して、当事者たちがイスラーム国に対する「テロとの戦い」に専念できるようになったとしても、今度はイスラーム国排除後の政治秩序をめぐる際限のない対立が待ち構えていた。

「終わりの始まり」が意味する過酷な現実

アレッポ市を征したアサド政権は、テロ組織の手からシリア全土を回復するまで「テロとの戦い」を貫徹すると主張した。そして、現体制下での原状回復と「強い国家」としての復活をもってシリア内戦を最終決着させる意志をこれまで以上に鮮明に見せるようになった。「関与すべきでない外国政権の打倒に奔走することはやめる」と明言したトランプ大統領の登場は、アサド政権にとって追い風となった。そして、こうした変化が、アサド政権の支配に異論を唱えてきた人々や国外難民としての生活を余儀なくされている人々にさらなる心痛をかけたことは想像に難くない。

しかし、シリアの人々にとって現実はより過酷だ。シリア内戦は「民主化」、「政治化」、「軍事化」、「国際問題化」、「アル＝カーイダ化」という諸局面が絡み合って展開するなかで、「今世紀最悪の人道危機」と称される混乱をシリアにもたらした。度重なるハイジャックとパラダイム転換のなか、アサド政権、「反体制派」、ロジャヴァは、際限なく繰り返される戦闘に埋没、疲弊し、自力で戦闘を止める術を失い、シリアで暮らすすべての人々を止むことのない恐怖に晒してしまった。

その一方で、「人権」、「主権」、「テロとの戦い」、「神意」といった正義を振りかざす外国の政府やメディア、そして外国人戦闘員は、混乱に乗じて介入を強め、ついには、シリアの人々に代わってこの国のゆくえを決定する存在となった。むろん、こうした正義で自己正当化するのは、シリア国内の当事者も同じだ。だが、「内戦」であったはずのシリア内戦における混乱を再生産しているのは、シリアにとって異質な部外者であり、シリアの人々は彼らが繰り広げるゲームの駒になりさがってしまった。

この厳然たる事実こそが、シリア内戦の「終わりの始まり」であり、その地平に見える「終わり」にかつての「強い国家」としてのシリアを想起するのは難しい。しかし、シリア内戦の「終わりの始まり」が過酷な現実に身を置くシリア人のためにかたちを得ることを許されるのなら、それは彼ら自身がシリアを取り戻すための第六の局面の始まりでなければならない。

シリアのすべての人々が、この最後の局面に向けて叡智《えいち》を結集し、行動することを、一シリア研究者として切望して止まない。

主な文献・資料

青山弘之「〝ジュムルーキーヤ〟への道(一)――バッシャール・アル＝アサド政権の成立」『現代の中東』第三一号(二〇〇一年七月)、一三～三七ページ。

――「〝ジュムルーキーヤ〟への道(二)――バッシャール・アル＝アサドによる絶対的指導性の顕現」『現代の中東』第三二号(二〇〇二年一月)、三五～六五ページ。

――『混迷するシリア――歴史と政治構造から読み解く』岩波書店、二〇一二年。

――「紛争下のシリアにおける暴力装置の変容が持つ政治的含意」『国際情勢紀要』第八六号(二〇一六年三月)、一〇七～一二三ページ。

青山弘之編『「アラブの心臓」に何が起きているのか――現代中東の実像』岩波書店、二〇一四年。

青山弘之・末近浩太『現代シリア・レバノンの政治構造』アジア経済研究所叢書5、岩波書店、二〇〇九年。

大塚和夫・小杉泰・小松久男他編『岩波イスラーム辞典』岩波書店、二〇〇二年。

国枝昌樹『シリア――アサド政権の四〇年史』平凡社新書、二〇一二年。

――『報道されない中東の真実――動乱のシリア・アラブ世界の地殻変動』朝日新聞出版、二〇一四年。

――『イスラム国の正体』朝日新書、二〇一五年。
現代中東政治研究ネットワーク（ＣＭＥＰＳ－Ｊ）　http://cmeps-j.net/
現代東アラブ地域研究ネットワーク　http://www.ac.auone-net.jp/~alsham/index.html
国連人道問題調整事務所（ＯＣＨＡ）　http://www.unocha.org/syria
国連難民高等弁務官事務所（ＵＮＨＣＲ）　http://www.unhcr.org/
シリア・アラブの春顛末記――最新シリア情勢　http://syriaarabspring.info/
シリア人権監視団　http://www.syriahr.com/
シリア政策研究センター（ＳＣＰＲ）　http://scpr-syria.org/
帝国書院編集部編『新詳高等地図』初訂版、帝国書院、二〇〇九年。
間寧編『西・中央アジアにおける亀裂構造と政治体制』研究双書五五五、ＪＥＴＲＯアジア経済研究所、二〇〇六年。
ホワイト・ヘルメット　http://syriacivildefense.org/
吉岡明子・山尾大編『「イスラーム国」の脅威とイラク』岩波書店、二〇一四年。
Adopt A Revolution: Support the Syrian Spring, “Survey amongst Syrian refugees in Germany – Backgrounds.” October 7, 2015　https://www.adoptrevolution.org/en/survey-amongst-syrian-refugees-in-germany-backgrounds/
Archicivilians: Conflict Maps & Analysis / Infographics / Reports　http://archicivilians.wordpress.com

Kull-nā Shurakā'　http://www.all4syria.info/

The Soufan Group, "Foreign Fighters: An Updated Assessment of the Flow of Foreign Fighters into Syria and Iraq," December 2015　http://soufangroup.com/wp-content/uploads/2015/12/TSG_ForeignFightersUpdate3.pdf

"Third report of the Organization for the Prohibition of Chemical Weapons-United Nations Join Investigative Mechanism (S/2016/738)," August 24, 2016　http://www.securitycouncilreport.org/atf/cf/%7B65BFCF9B-6D27-4E9C-8CD3-CF6E4FF96FF9%7D/s_2016_738.pdf

"United Nations Mission to Investigate Allegations of the Use of Chemical Weapons in the Syrian Arab Republic: Final Report," December, 2013　https://unoda-web.s3.amazonaws.com/wp-content/uploads/2013/12/report.pdf

岩波新書より

飯舘村は負けない　千葉悦子　松野光伸
夢よりも深い覚醒へ　大澤真幸
不可能性の時代　大澤真幸
3・11複合被災　外岡秀俊
子どもの声を社会へ　桜井智恵子
就職とは何か　森岡孝二
働きすぎの時代　森岡孝二
日本のデザイン　原　研哉
ポジティヴ・アクション　辻村みよ子
脱原子力社会へ　長谷川公一
希望は絶望のど真ん中に　むのたけじ
戦争絶滅へ、人間復活へ　むのたけじ　黒岩比佐子 聞き手
福島 原発と人びと　広河隆一
アスベスト 広がる被害　大島秀利
原発を終わらせる　石橋克彦 編
日本の食糧が危ない　中村靖彦
ウォーター・ビジネス　中村靖彦
勲　章 知られざる素顔　栗原俊雄
生き方の不平等　白波瀬佐和子
同性愛と異性愛　風間　孝　河口和也
居住の貧困　本間義人
贅沢の条件　山田登世子
ブランドの条件　山田登世子
新しい労働社会　濱口桂一郎
世代間連帯　上野千鶴子　辻元清美
当事者主権　中西正司　上野千鶴子
道路をどうするか　五十嵐敬喜　小川明雄
建築紛争　五十嵐敬喜　小川明雄
ルポ 労働と戦争　島本慈子
戦争で死ぬ、ということ　島本慈子
ルポ 解　雇　島本慈子
子どもへの性的虐待　森田ゆり
森　の　力　浜田久美子
テレワーク「未来型労働」の現実　佐藤彰男
反　貧　困　湯浅　誠
ベースボールの夢　内田隆三
グアムと日本人 戦争を埋立てた楽園　山口　誠
少子社会日本　山田昌弘
「悩み」の正体　香山リカ
いまどきの「常識」　香山リカ
若者の法則　香山リカ
変えてゆく勇気　上川あや
定　年　後　加藤　仁
労働ダンピング　中野麻美
誰のための会社にするか　ロナルド・ドーア
安心のファシズム　斎藤貴男
社会学入門　見田宗介
現代社会の理論　見田宗介
冠婚葬祭のひみつ　斎藤美奈子
少年事件に取り組む　藤原正範
まちづくりと景観　田村　明
まちづくりの実践　田村　明
桜が創った「日本」　佐藤俊樹
生きる意味　上田紀行
ルポ 戦争協力拒否　吉田敏浩
社会起業家　斎藤　槙
男女共同参画の時代　鹿嶋　敬

岩波新書より

社会

戦争と検閲 石川達三を読み直す　河原理子
生きて帰ってきた男　小熊英二
地域に希望あり　大江正章
地域の力　大江正章
遺骨 戦没者三一〇万人の戦後史　栗原俊雄
フォト・ストーリー 沖縄の70年　石川文洋
ルポ 保育崩壊　小林美希
アホウドリを追った日本人　平岡昭利
朝鮮と日本に生きる　金時鐘
被災弱者　岡田広行
農山村は消滅しない　小田切徳美
復興〈災害〉　塩崎賢明
「働くこと」を問い直す　山崎憲
原発と大津波 警告を葬った人々　添田孝史
縮小都市の挑戦　矢作弘

福島原発事故 被災者支援政策の欺瞞　日野行介
日本の年金　駒村康平
食と農でつなぐ 福島から　塩谷弘康・岩崎由美子
過労自殺〔第二版〕　川人博
金沢を歩く　山出保
ドキュメント 豪雨災害　稲泉連
希望のつくり方　玄田有史
親米と反米　吉見俊哉
人生案内　落合恵子
ひとり親家庭　赤石千衣子
女のからだ フェミニズム以後　荻野美穂
〈老いがい〉の時代　天野正子
子どもの貧困　阿部彩
子どもの貧困Ⅱ　阿部彩
性と法律　角田由紀子
〈ヘイト・スピーチ〉とは何か　師岡康子
生活保護から考える　稲葉剛
かつお節と日本人　宮内泰介・藤林泰

家事労働ハラスメント　竹信三恵子
ルポ 雇用劣化不況　竹信三恵子
福島原発事故 県民健康管理調査の闇　日野行介
電気料金はなぜ上がるのか　朝日新聞経済部
おとなが育つ条件　柏木惠子
在日外国人〔第三版〕　田中宏
まち再生の術語集　延藤安弘
震災日録 記憶を記録する　森まゆみ
原発をつくらせない人びと　山秋真
社会人の生き方　暉峻淑子
豊かさの条件　暉峻淑子
豊かさとは何か　暉峻淑子
構造災 科学技術社会に潜む危機　松本三和夫
家族という意志　芹沢俊介
ルポ 良心と義務　田中伸尚
靖国の戦後史　田中伸尚
日の丸・君が代の戦後史　田中伸尚
憲法九条の戦後史　田中伸尚

岩波新書より

現代世界

- フォト・ドキュメンタリー 人間の尊厳　林　典子
- 女たちの韓流　山下英愛
- ㈱貧困大国アメリカ　堤　未果
- ルポ 貧困大国アメリカ　堤　未果
- ルポ 貧困大国アメリカII　堤　未果
- 新・現代アフリカ入門　勝俣　誠
- 中国の市民社会　李　妍焱
- 勝てないアメリカ　大治朋子
- ブラジル 跳躍の軌跡　堀坂浩太郎
- 非アメリカを生きる　室　謙二
- ネット大国中国　遠藤　誉
- 中国は、いま　国分良成編
- ジプシーを訪ねて　関口義人
- 中国エネルギー事情　郭　四志
- アメリカン・デモクラシーの逆説　渡辺　靖
- ユーラシア胎動　堀江則雄

- オバマ演説集　三浦俊章編訳
- オバマは何を変えるか　砂田一郎
- タイ 中進国の模索　末廣　昭
- 平和構築　東　大作
- ハワイ　山中速人
- イスラームの日常世界　片倉もとこ
- イスラエル　臼杵　陽
- ネイティブ・アメリカン　鎌田　遵
- アフリカ・レポート　松本仁一
- ヴェトナム新時代　坪井善明
- イラクは食べる　酒井啓子
- エビと日本人　村井吉敬
- エビと日本人II　村井吉敬
- 北朝鮮は、いま　北朝鮮研究学会編 石坂浩一監訳
- 欧州連合 統治の論理とゆくえ　庄司克宏
- バチカン　郷　富佐子
- 国際連合 軌跡と展望　明石　康
- アメリカよ、美しく年をとれ　猿谷　要

- 日中関係 戦後から新時代へ　毛里和子
- いま平和とは　最上敏樹
- 国連とアメリカ　最上敏樹
- 人道的介入　最上敏樹
- 現代ドイツ　三島憲一
- 「民族浄化」を裁く　多谷千香子
- サウジアラビア　保坂修司
- 中国激流 13億のゆくえ　興梠一郎
- 多民族国家 中国　王　柯
- ヨーロッパ市民の誕生　宮島　喬
- 東アジア共同体　谷口　誠
- NATO　谷口長世
- ヨーロッパとイスラーム　内藤正典
- 現代の戦争被害　小池政行
- アメリカ外交とは何か　西崎文子
- 帝国を壊すために　アルンダティ・ロイ 本橋哲也訳
- 多文化世界　青木　保
- 異文化理解　青木　保
- デモクラシーの帝国　藤原帰一

岩波新書新赤版一〇〇〇点に際して

ひとつの時代が終わったと言われて久しい。だが、その先にいかなる時代を展望するのか、私たちはその輪郭すら描きえていない。二〇世紀から持ち越した課題の多くは、未だ解決の緒を見つけることのできないままであり、二一世紀が新たに招きよせた問題も少なくない。グローバル資本主義の浸透、憎悪の連鎖、暴力の応酬――世界は混沌として深い不安の只中にある。

現代社会においては変化が常態となり、速さと新しさに絶対的な価値が与えられた。消費社会の深化と情報技術の革命は、種々の境界を無くし、人々の生活やコミュニケーションの様式を根底から変容させてきた。ライフスタイルは多様化し、一面では個人の生き方をそれぞれが選びとる時代が始まっている。同時に、新たな格差が生まれ、様々な次元での亀裂や分断が深まっている。社会や歴史に対する意識が揺らぎ、普遍的な理念に対する根本的な懐疑や、現実を変えることへの無力感がひそかに根を張りつつある。そして生きることに誰もが困難を覚える時代が到来している。

しかし、日常生活のそれぞれの場で、自由と民主主義を獲得し実践することを通じて、私たち自身がそうした閉塞を乗り超え、希望の時代の幕開けを告げてゆくことは不可能ではあるまい。そのために、いま求められていること――それは、個と個の間で開かれた対話を積み重ねながら、人間らしく生きることの条件について一人ひとりが粘り強く思考することではないか。その営みの糧となるものが、教養に外ならないと私たちは考える。歴史とは何か、よく生きるとはいかなることか、世界そして人間はどこへ向かうべきなのか――こうした根源的な問いとの格闘が、文化と知の厚みを作り出し、個人と社会を支える基盤としての教養となった。まさにそのような教養への道案内こそ、岩波新書が創刊以来、追求してきたことである。

岩波新書は、日中戦争下の一九三八年一一月に赤版として創刊された。創刊の辞は、道義の精神に則らない日本の行動を憂慮し、批判的精神と良心的行動の欠如を戒めつつ、現代人の現代的教養を刊行の目的とする、と謳っている。以後、青版、黄版、新赤版と装いを改めながら、合計二五〇〇点余りを世に問うてきた。そして、いままた新赤版が一〇〇〇点を迎えたのを機に、人間の理性と良心への信頼を再確認し、それに裏打ちされた文化を培っていく決意を込めて、新しい装丁のもとに再出発したいと思う。一冊一冊から吹き出す新風が一人でも多くの読者の許に届くこと、そして希望ある時代への想像力を豊かにかき立てることを切に願う。

（二〇〇六年四月）

青山弘之

1968年 東京生まれ．東京外国語大学アラビア語学科卒業，一橋大学大学院社会学研究科博士後期課程単位取得退学．ダマスカス・フランス・アラブ研究所(現フランス中東研究所)共同研究員，JETROアジア経済研究所研究員などを経て
現在―東京外国語大学総合国際学研究院教授
専攻―現代東アラブ政治，思想，歴史
著書―『混迷するシリア――歴史と政治構造から読み解く』
『「アラブの心臓」に何が起きているのか――現代中東の実像』(編著)
『現代シリア・レバノンの政治構造』(共著)
『中東・中央アジア諸国における権力構造――したたかな国家・翻弄される社会』(共編著)(以上，岩波書店)

シリア情勢
――終わらない人道危機　　岩波新書(新赤版)1651

2017年3月22日　第1刷発行

著　者　青山弘之《あおやまひろゆき》

発行者　岡本　厚

発行所　株式会社 岩波書店
〒101-8002 東京都千代田区一ツ橋2-5-5
案内 03-5210-4000　営業部 03-5210-4111
http://www.iwanami.co.jp/

新書編集部 03-5210-4054
http://www.iwanamishinsho.com/

印刷・三秀舎　カバー・半七印刷　製本・牧製本

ISBN 978-4-00-431651-0　　Printed in Japan

索　引

か 行

さ 行

た 行

な 行

は 行

ま 行

や 行

ら 行

年　表

年	月	主な出来事
1944	7	フランス委任統治領シリアがソ連と国交を樹立.
1946	2	フランス委任統治領シリアがソ連とシリア軍創設に向けた軍事支援や外交政策支援を骨子とした秘密協定を締結.
	4	シリアが独立.
1948	5	イスラエルが建国を宣言し，第1次中東戦争が勃発.
1962	12	シリア政府がイスラエルとの戦争状態を理由として非常事態令を発動.
1963	3	シリアでバアス革命が発生(バアス党政権成立).
1967	6	第3次中東戦争が勃発し，イスラエルがシリアのゴラン高原などを占領.
1970	11	ハーフィズ・アサドがシリアの全権を掌握.
1971		シリア，ソ連両国政府がタルトゥース市にソ連海軍の補給基地(MTSP)を開設することに合意.
1973	3	ハーフィズ・アサド前政権下のシリアで憲法が公布.
	10	第4次中東戦争が勃発.
1975–90		レバノン内戦が勃発.
1979	2	イラン・イスラーム革命が発生.
	3	エジプト・イスラエル和平条約が締結.
1980	10	ソ連・シリア友好協力条約が締結.
1991	12	ソ連が崩壊.
1997	10	米国がトルコのクルディスタン労働者党(PKK)を外国テロ組織(FTO)に指定.
2000	6	ハーフィズ・アサドが死去.
	7	バッシャール・アサドがシリアの大統領に就任.
	9	シリアで「ダマスカスの春」が高揚.
2003	3	イラク戦争が勃発.
	8	シリアで民主統一党(PYD)が結党.
2004	3	シリアで「カーミシュリーの春」が発生.
2005	半ば	シリアで「第二次ダマスカスの春」が高揚.
2006	10	イラク・アル＝カーイダが中心となってイラク・イスラーム国を結成.
2010	12	チュニジアで「ジャスミン革命」が発生.
2011	2	エジプトに「アラブの春」が波及し，体制崩壊.
	3	シリアに「アラブの春」が波及し，各地で散発的デモが発生.
	4	アサド政権が非常事態令を解除，平和的デモ調整法を制定.
	5	シリア国内での抗議デモ参加者が軍・治安当局の弾圧に抵抗するために武装開始.

年	月	主な出来事
	6	シリアで民主的変革諸勢力国民調整委員会が結成.
	8	リビアで体制崩壊.
		政党法，総選挙法，改正地方行政法，新情報法を制定する一方(包括的改革プログラム)，抗議デモを徹底弾圧(血のラマダーン).
	9	自由シリア軍が結成.
		イスラーム中隊(のちのイスラーム軍)が結成.
	9–11	欧州連合(EU)，トルコ，アラブ湾岸諸国がシリアに経済制裁を発動.
	末	シャームの民のヌスラ戦線が活動を開始.
		シャーム自由人大隊(のちのシャーム自由人イスラーム運動)が結成.
2012	1	ヌスラ戦線が結成を宣言.
	2	アル＝カーイダ指導者のアイマン・ザワーヒリーがアサド政権打倒を主唱.
		シリアで新憲法が公布(包括的改革プログラム完了).
	5	シリアで新憲法のもとで初となる人民議会選挙が実施.
	6	シリアで「テロ撲滅三法」を制定.
		米英仏露中などがジュネーブ合意を採択.
	7	首都ダマスカスとアレッポ市に「反体制派」が進攻.
		シリアでテロ犯罪特別法廷が開設.
	8	シリアのリヤード・ヒジャーブ首相が離反.
	11	カタールの首都ドーハでシリア国民連合が結成.
	12	自由シリア軍参謀委員会が発足.
		米国がヌスラ戦線を FTO に指定.
2013	3	「反体制派」がラッカ市制圧.
		トルコでホワイト・ヘルメットの組織化が始まる.
	4	イラク・イスラーム国がイラク・シャーム・イスラーム国に改称.
		ヌスラ戦線がイラク・シャーム・イスラーム国への合流拒否.
		バラク・オバマ米大統領がアサド政権による化学兵器使用を「ゲーム・チェンジャー」と評し，軍事介入を公約.
	5	国連がアル＝カーイダ制裁委員会リストにイラク・シャーム・イスラーム国とヌスラ戦線をイラク・アル＝カーイダの「別名」として追加登録.
		シリア軍とヒズブッラーがヒムス県クサイル市を奪還.
	6	カタールのハマド・ビン・ハリーファ首長とハマド・ビン・ジャースィム首相が揃って「勇退」.
	半ば	ムハージリーン・ワ・アンサール軍が結成.
	8	ダマスカス郊外県グータ地方で化学兵器使用疑惑事件が発生.

年	月	主な出来事
		米英仏がシリアへの限定的空爆を画策．
	9	米・ロシアがシリアでの化学兵器全廃で合意し，米英仏がシリアへの限定的空爆を中止．
		国連安保理決議第 2118 号が採択．
	10	イラク・シャーム・イスラーム国がラッカ市から「反体制派」を排除．
		シリアが化学兵器禁止機関(OPCW)に正式加盟．
2014	1	PYD がシリア北部に西クルディスタン移行期民政局(ロジャヴァ)を設立．
		国連がジュネーブ 2 会議を主催．
		アル＝カーイダ指導者のザワーヒリーがイラク・シャーム・イスラーム国との断交を宣言し，同組織を破門．
	3	シャーム軍団が結成．
	5	国連がアル＝カーイダ制裁委員会リストにヌスラ戦線を個別登録．
		米国がイラク・シャーム・イスラーム国をイラク・アル＝カーイダの「別名」として FTO に追加登録．
	6	イラク・シャーム・イスラーム国がイラクのモスル市を完全制圧し，イスラーム国に改称，指導者バグダーディーがカリフを名乗る．
		シリアで大統領選挙が実施され，アサド大統領が 88.7% の支持を得て再選．
	8	有志連合がイラク領内でイスラーム国に対する空爆を開始．
	9	有志連合がシリア領内でイスラーム国などのテロ組織に対する空爆を開始．
		イスラーム国がアレッポ県アイン・アラブ市に侵攻．
	10	ホワイト・ヘルメットが正式に発足．
	11	ジュンド・アクサー機構が結成．
2015	1	ロジャヴァの人民防衛部隊(YPG)がアイン・アラブ市からイスラーム国を掃討．
		サウジアラビアでサルマーン・ビン・アブドゥルアズィーズ国王が即位．
	3	トルコとサウジアラビアはイスラーム過激派全般への支援で連携強化．
		ファトフ軍が結成され，イドリブ県の大部分を制圧．また南部戦線などからなる「反体制派」もダラア県で勢力伸長．
		国連安保理決議第 2209 号が採択．
	5	イスラーム国がヒムス県タドムル市を制圧．
		米国がトルコ国内で「穏健な反体制派」への教練プログラムを開始．
	8	ロシアがラタキア県のフマイミーム航空基地の増設工事に着

年	月	主な出来事
		手し，空軍部隊を派遣.
		米国とトルコがアレッポ県北部のトルコ国境地帯に「安全地帯」を設定することで合意.
		英国がシリア領内で空爆を行っていたと発表.
		国連安保理決議第 2235 号が採択.
	9	欧米諸国でシリアなどからの移民・難民流入が社会問題化.
		フランスとオーストラリアがラッカ県でのイスラーム国に対する空爆に参加.
		ロシア軍がイスラーム国，ファトフ戦線を含む「反体制派」への大規模空爆を開始.
	10	米国が「穏健な反体制派」の教練プログラムを中止.
		国際シリア支援グループ(ISSG)がオーストリアの首都ウィーンで初の外相会談を開催.
	11	フランスでパリ同時多発テロ事件が発生.
		フランス軍がデイルアッズール県，ラッカ県に対する空爆を頻発化.
		ロシアがエジプトのシナイ半島上空でのロシア旅客機墜落事件の実行犯をイスラーム国と断定.
		シリア軍がイスラーム国との戦闘の末，アレッポ市東部のクワイリース航空基地を解囲.
		ISSG がウィーンで紛争解決案に合意.
		トルコ軍戦闘機が国境地帯でロシア軍戦闘機を撃墜.
	12	米国カリフォルニア州サンバーナーディノの福祉施設で銃乱射事件が発生.
		英国の首都ロンドンの地下鉄駅で刺傷事件が発生.
		国連安保理決議第 2254 号が採択.
		シリア民主評議会が発足.
2016	1	OPCW はシリア国内での化学兵器・関連施設の廃棄完了を宣言.
	2	国連がジュネーブ 3 会議を主催.
		米国とロシアがシリア国内での停戦に合意し，これを発効.
	3	EU とトルコが，EU 領内に流入する移民・難民をトルコに強制送還することを定めた協定を締結.
		PYD 主導のもとロジャヴァ北シリア民主連邦が樹立を宣言.
		シリア軍がヒムス県タドムル市をイスラーム国から奪還.
	4	イラン陸軍第 65 旅団に所属する特殊部隊がアレッポ市南部郊外に進駐.
		ジュネーブ 3 会議決裂.
	6	トルコのレジェップ・タイイップ・エルドアン大統領がヴラジーミル・プーチン大統領にロシア軍戦闘機撃墜事件を謝

年	月	主な出来事
		罪.
	7	トルコで軍事クーデタ未遂が発生.
		ヌスラ戦線がアル＝カーイダとの関係解消を宣言し，シャーム・ファトフ戦線に改称.
	8	シリア民主軍がユーフラテス川以西のアレッポ県マンビジュ市をイスラーム国から奪取.
		トルコ軍とハワール・キッリス作戦司令室が「ユーフラテスの盾」作戦を開始し，アレッポ県北部に侵攻.
	9	米国・ロシアがイスラーム国，シャーム・ファトフ戦線に対する対テロ合同軍事作戦に向けた新停戦合意を交わす.
		有志連合がデイルアッズール市郊外でイスラーム国との戦闘を続けるシリア軍部隊を「誤爆」.
		アサド政権が米国・ロシアの停戦合意が失効したと発表.
		シリア軍がアレッポ市東部を包囲.
		米国がジュンド・アクサー機構を特別指定グローバル・テロ組織(SDGT)に指定.
	11	米大統領選挙で共和党候補のドナルド・トランプが勝利.
	12	イスラーム国がヒムス県タドムル市を再制圧.
		シリア軍がアレッポ市東部を解放.
		ロシアとトルコの仲介により，シリア政府と「反体制派」が停戦と和平協議参加に合意.
		国連安保理決議第 2336 号が採択.
2017	1	トランプ米新政権が成立.
		ロシア，トルコ，イランのイニシアチブでアスタナ会議が開催.
		シャーム・ファトフ戦線がヌールッディーン・ザンキー運動などとともにシャーム解放委員会を結成.
	3	シリア軍がイスラーム国からヒムス県タドムル市を再び奪還.

表　「反体制派」による主な連合組織・合同作戦司令室

連合組織・合同作戦司令室	結成時期	主な参加組織
シリア・イスラーム解放戦線	2012年9月	イスラーム旅団，タウヒード旅団，シャームの鷹旅団，ファールーク大隊
イスラーム戦線	2013年12月	シャーム自由人イスラーム運動*，タウヒード旅団，イスラーム軍，クルド・イスラーム戦線，シャームの鷹旅団，アンサール・シャーム大隊
ハズム運動	2014年1月	北部ファールーク大隊，第9師団特殊部隊，第1機甲師団，アッラーへの信仰旅団，アビー・ハーリス大隊(ハマー・ファールーク)，サラミーヤ自由人大隊(ハマー・ファールーク)，殉教者アブドゥッラフマーン・シャマーリー大隊，殉教者バクル・バッカール大隊，殉教者ハムザ・ザカリヤー大隊，ラシード大隊，アブー・アスアド・ニムル大隊，アフバーブ・アッラー旅団，ファーティフ大隊，第60歩兵旅団，アブドゥッラフマーン大隊，殉教者アブドゥルガッファール・ハーミーシュ大隊，ザアフラーナ・ファールーク大隊，殉教者アブドゥッラー・バッカール大隊，ラスタン殉教者大隊，殉教者アンマール・トゥラース・ファルザート大隊，真実の声連隊
シャームの民の合同作戦司令室	2月	シャームの民のヌスラ戦線*，シャーム自由人イスラーム運動*，タウヒード旅団，ハズム運動
南部戦線	2月	南部シリア革命家戦線，下カラムーン旅団，ヤルムーク旅団，ファッルージャ・ハウラーン旅団，ムハージリーン・アンサール旅団，スンナの獅子旅団，3月18日師団，ハムザ・アサドゥッラー旅団，第1特殊師団，イスラームの暁旅団，シャバーブ・スンナ旅団，イッズ・ブン・アブドゥッサラーム旅団，カラーマ旅団，シャーム解放師団，第1砲兵中隊，第1旅団，ドゥーマー殉教者旅団，グータ・

表　「反体制派」による主な連合組織・合同作戦司令室

連合組織・合同作戦司令室	結成時期	主な参加組織
		ムジャーヒディーン旅団，アバービール・ハウラーン旅団，ハウラーン大隊統合，上カラムーン第11師団，ムウタッズ・ビッラー旅団，特殊任務旅団，クナイトラ軍事評議会，シャームの剣旅団，シャーム解放旅団，ダマスカス殉教者旅団，イスラーム殉教者旅団，自由殉教者旅団，ヤルムーク殉教者旅団**，アームード・ハウラーン旅団，ラジャーの盾旅団，二大聖地旅団，ハビーブ旅団，建設大隊，ナワー自由人旅団，サラーフッディーン旅団，ハウラーンの嵐旅団，タバールク・ラフマーン大隊，ラジャー・タウヒード大隊，第1騎兵中隊，第2騎兵中隊，ムウタスィム・ビッラー大隊，ヒムス・ワリード旅団，イブン・ワリード末裔旅団，特殊任務中隊，ハウラーン殉教者旅団，西部郊外自由人大隊
シャーム戦線	2015年2月	「命じられるままに進め」連合，ムジャーヒディーン軍，イスラーム戦線，シャーム自由人イスラーム運動*，ヌールッディーン・ザンキー運動，シャームの鷹旅団，アサーラ・ワ・タンミヤ戦線，ハズム運動，第101歩兵師団(2016年10月に第21軍連合に改称)，ジュンド・イスラーム旅団
ファトフ軍	3月	シャームの民のヌスラ戦線*，シャーム自由人イスラーム運動*，ジュンド・アクサー機構*，トルコマン・イスラーム党，シャーム軍団，ハック旅団，スンナ軍，アジュナード・シャーム・イスラーム連合，シャームの鷹旅団
ハワール・キッリス作戦司令室(「ユーフラテスの盾」作戦司令室)	3月頃	ハムザ師団，シャーム軍団，スルターン・ムラード師団，シャーム自由人イスラーム運動*，ヌールッディーン・ザンキー運動，タフリール軍，山地の鷹旅団，シャーム戦線，ムウタスィム旅団，ムスタファー連隊，第13師団，東部自由人，第51師団

連合組織・合同作戦司令室	結成時期	主な参加組織
アレッポ・ファトフ軍	5月	ムジャーヒディーン軍，第101歩兵師団，第13師団，シャーム自由人イスラーム運動*，シャーム軍団，イスラーム軍，シャーム戦線，ヌールッディーン・ザンキー運動
マルジュ・スルターン作戦司令室	12月	ラフマーン軍団，イスラーム軍，アジュナード・シャーム・イスラーム連合，シャームの民のヌスラ戦線*，シャーム自由人イスラーム運動*
ハーリド・ブン・ワリード軍**	2016年5月	ヤルムーク殉教者旅団**，イスラーム・ムサンナー運動
ファトフ軍(新生)	5月	シャーム自由人イスラーム運動*，シャームの民のヌスラ戦線*，トルコマン・イスラーム党，シャーム軍団，スンナ軍，ハック旅団，アジュナード・シャーム・イスラーム連合
アレッポ軍	12月	アレッポ・ファトフ軍，シャーム・ファトフ戦線*
シャーム解放委員会	2017年1月	シャーム・ファトフ戦線*，ヌールッディーン・ザンキー運動，スンナ軍，アンサールッディーン戦線，ハック旅団，機甲ミサイル旅団，ハムザ中隊，フザイファ・ブン・ヤマーン大隊，リヤーフ・ジャンナ大隊，フサイン連合，カーディスィーヤ連合，アリー末裔連合，補給旅団，アレッポ市西部郊外で活動するクルド人部隊，アクサー中隊，イッザ大隊，殉教者船団

注：*はアル＝カーイダに忠誠を誓う／つながりがあるとされる組織．**はイスラーム国に忠誠を誓う／つながりがあるとされる組織．それ以外の組織は「穏健な反体制派」，ないしはアル＝カーイダの系譜を汲まないとされるイスラーム過激派
出所：「シリア・アラブの春顛末記」などをもとに筆者作成